JN438645

마음을 메우다

마음을 메우다

변종호 수필집

수필과비평사

| 작가의 말 |

샹그릴라를 찾아가는 여정은 10시간을 버스로 달리는 고행이었습니다. 가끔씩 차도로 쏟아지는 낙석을 보며 귀한 것은 쉽게 보여주는 게 아니라는 것을 알았습니다.

발 디딜 틈조차 허락하지 않는 동티베트의 고산준령에 맨 처음 길을 낸 건 거침없이 쏟아져 흘러내려간 빙하수였습니다. 수만 년 동안 계류가 갈고 파낸 가장자리를 따라 올라간 인간이 지면에 새긴 피땀의 흔적이라는 생각을 합니다.

글을 쓴다는 것 역시 고산준령을 홀로 넘는 고행입니다. 앞서간 문인들이 새겨놓은 흔적을 따르기도 하고 때로는 비켜도 가며 끝없이 노력해야 하기 때문입니다.

《섶다리》에 이어 두 번째 작품집 《마음을 메우다》를 세상에 내놓습니다.

흘러 보낸 세월이 길어지면 절로 글이 좋아지는 줄 알았습니다. 보는 눈은 높아지는데 작품은 그에 따르지 못함을 시인합니다. 깊은 성찰과 사유를 바탕으로 함축해야 함에도 늘어놓은 말이 많습니다. 그럼에도 《마음을 메우다》에 담긴 글들이 소수의 독자에게라도 위안이 됐으면 하는 마음을 담습니다.

2017년 여름에

변종호

| 차례 |

2부

당신이 그리울 겁니다

3부

재비 날다

4부

데릴라의 뿌리내리기

5부

아름다운 대결

이달의 문제작 – 촌평

1부

다마스커스 칼

강했지만 부러지지 않았다. 휘었지만 금방 복원이 됐고 절삭력切削力은 타의 추종을 불허할 정도로 탁월했다. 이런 조건을 모두 갖추고 십자군 전투에서 단칼에 상대의 갑옷을 베고 칼을 부러뜨렸던 다마스커스 칼이다.

명검이 되기 위해 장인의 망치질에 비워냄과 순종으로 쇠의 마음에 품듯, 인간도 각자의 환경과 살아온 내력만큼의 궤적을 남기는 것 같다.

숫돌

이해타산은 언감생심이다. 언제든 달려들면 선뜻 몸을 내준다. 얻어먹는 거라곤 이따금 흘려주는 물 한 모금이다. 공을 내세울 법도 하지만 그런 일은 절대 없다. 빤히 손해 볼 줄 알면서 거절할 줄 모른다. 어떤 형태로 찾아오건 숙명인 양 맞는다. 가슴팍이 푹 파여 나가는 고통의 대가로 날을 세운 것들이 잘났다 설칠 때도 빙긋이 웃을 뿐이다.

밖이 소란스럽다. 스피커 소리가 들리지만 내용은 알 수 없다. 세워둔 소형 트럭을 보고야 궁금증이 풀린다. 칼이나 가위를 갈아주는 차량이다. 적재함에는 소형 전동그라인더와 고운 숫돌이 줄지어 있다. 그런 모습을 보니 옛 고향 집이 떠오른다.

우리 집 숫돌은 헛간 기둥 앞에 자리를 잡았었다. 칼보다 낫을 많이 갈았던 숫돌은 통나무로 만든 홈에 몸의 반절은 묻었다. 숫돌 옆에 찌그러진 양은 대야에는 언제나 물이 반쯤 담겨 있었다. 숫돌 집은 위에서 밑으로 내려가는 기울기를 가졌다. 마치 한여름 우물가에서 엉덩이를 번쩍 쳐들고 등목을 하던 큰형 모습이다.

단단함과 입자의 크기로 나뉘는 숫돌은 제 몸뚱이의 작은 알갱이를 떨어뜨리며 날을 세운다. 많이 손상된 날을 거칠게 세우기는 입자가 크고 단단한 게 좋으나 예리하게 날을 세울 때는 무르고 고운 숫돌이어야 한다.

숫돌도 저 혼자는 일하지 못한다. 마찰을 줄이고 떨어진 입자를 씻어내려면 반드시 물이 필요하다. 날을 세울 때는 서두르면 안 된다. 숫돌에 문지르는 속도와 누르는 힘이 중요하다. 강한 힘으로 밀어붙인다고 날을 세울 수는 없다. 적당한 힘과 속도가 필요하다.

이럴 때 적당은 그 일에 어느 정도 능통한 자만 쓸 수 있는 말이다.

아무리 공들여 세운 날도 사용하면 무뎌지기 마련이다. 무딘 날을 세우려면 숫돌이 있어야 한다.

사람들은 쉽게 얼굴이 드러나고 공을 인정받을 수 있는 연장 같은 사람이 되길 원한다. 반면 남들이 알아주지 않는 그늘에서 제 몸 상해가며 소임을 다하는 숫돌 같은 사람이 되는 건 한사코 마다한다. 날을 세우며 숫돌이 흘리는 건 결코 서러운 눈물이 아니라 버림으로 날을 세워주고 얻는 환희의 눈물이다. 소멸에 순응하는 숫돌, 그 눈물조차 곱다.

다마스커스 칼

얼마나 맞고서야 명검이 되었을까. 합쳐질 수 없는 운명이 하나되어 새 생명이 탄생했다. 고통은 지옥을 넘나들 정도로 가혹했다. 완강한 거부는 불질에 누그러들었고 수많은 메질은 영혼의 결을 쇠에 새겼다.

칼에 문양이 있다. 그리거나 새겨 넣은 것은 아니다. 칼의 본질인 강하고 잘 드는 칼을 만들다 덤으로 얻은 문양이다. 어찌 보면 썰물이 자잘하게 그려놓은 갯벌의 결 같고, 달리 보면 노거수老巨樹의 고운 나뭇결 같다. 경이롭다. 문양 하나로 홀딱 빠져들게 하는 다마스커스 칼이다.

다큐 〈공감〉에서 잠깐 본 칼에 매료되어 대장간을 찾아 나섰다. 망치 소리가 가까워지자 가슴이 설렜다. 오래된 대장간이다. 화덕에서 솟구치는 불꽃은 강렬했으나 빛은 맑고도 깊었다. 농기구가 어수선한 낯선 풍경 안에서 한동안 구경꾼이 되어야 했다.

대장간 안은 망치 소리와 매캐한 불 냄새로 가득하다. 망치를 잡은 동생의 팔에도, 쇳덩이를 잡은 형의 팔뚝에도 터질 듯 핏줄이 섰다.

이 일을 하기까지 형제는 수없이 부딪쳤다. 아버지의 혼이 깃든 대장간을 버릴 수 없어 혼자라도 하고야 말겠다는 형의 강력한 주장에 아우가 동참했다.

"이 일은 흥미를 못 느끼고 끈기가 없으면 절대 힘들어 못 해요."라며 탄가루가 군데군데 묻은 얼굴에 하얀 이를 드러낸 형이 웃는다.

하나의 재료로는 만들 수 없다는 다마스커스 칼, 반 뼘 길이의 납작한 3개의 연강 도막과 4개의 고탄소강 도막은 용접으로 하나가 된다. 그런 쇳덩이는 달궈지고 수백 번의 메질을 견디며 하나가 아니었다는 처음의 기억을 모두 지워야 한다.

달궈서 늘려진 쇳덩이 가운데를 끊어지지 않을 만큼 남기고 자른다. 내리치는 망치의 힘 조절을 잘못하면 쇠는 영락없이 두 동강이 난다. 겹쳐질 쇠에 붕사가 뿌려진다. 붕사가 녹으며 흘리는 것은 굴복하는 쇳덩이의 눈물이다. 접힐 때마다 쇠의 강도는 높아지고 문양은 안으로 품었다.

달아오른 쇠를 새끼줄처럼 비틀자 감쌌던 산화물을 모두 털어 낸다. 붉은빛이 더 선명하다. 또다시 메질이다. 다시 늘리고 잘리며 접 쇠가 된다. 이렇게 여덟 번을 반복하고 나서야 진정한 합일合一에 이른다.

맞을수록 단단해지는 게 쇠다. 칼의 형체를 그라인더로 다듬으며 날을 세운다. 튕겨 나가는 불꽃이 밤하늘을 밝히는 폭죽 같다. 거무죽죽한 표피를 벗겨내고 화덕에서 달궈진 칼이 기름통으로 빠져든다.

숫돌에 문지르며 날을 세운다. 날이 선 칼날을 엄지손가락으로 확인한다. 그때만 해도 칼은 기대치에 못 미쳤다. 대장장이는 옆에 있던 특수 세정제 통에 칼을 푹 담근다. 긴장한 채 몇 분이 지나고 통에서 꺼낸 칼을 흐르는 물로 씻어내자 선명하게 문양이 드러난다. 마술 같다. 탄성이 절로 나온다. 번쩍이는 칼에 새겨진 결이 절묘하다.

중세 시대, 명검을 제조했던 곳이 중동의 다마스커스(Damascus)다. 모방은 쉽지만, 발명의 길은 험난하고도 요원하다. 철강 산업이 발전한 오늘날, 성분 분석은 마쳤으나 완벽하게 복원할 수 없는 명검을 만들었던 선인先人에게 경의를 표하고 싶다.

강했지만 부러지지 않았다. 휘었지만 금방 복원이 됐고 절삭력切削力은 타의 추종을 불허할 정도로 탁월했다. 이런 조건을 모두 갖추고 십자군 전투에서 단칼에 상대의 갑옷을 베고 칼을 부러뜨렸던 다마스커스 칼이다.

명검이 되기 위해 장인의 망치질에 비워냄과 순종으로 쇠의 마음에 품듯, 인간도 각자의 환경과 살아온 내력만큼의 궤적을 남기는 것 같다. 잘 갈고 닦은 수련의 정도에 따라 찬란하게 빛이 날 수도, 즐거움과 편안함을 추구하다 평범한 생을 마칠 수도 있다.

이순의 고개를 넘어 돌아보니 관계의 틀 안에서 수천 번도 더 부딪혔다. 그럴 때마다 맞고 겹쳐지고 뒤틀리며 치열하게 살아야 했는데 견디지 못했다. 그러면서도 '이 정도면 괜찮아.' 라고 적당히 타협을 하며 잘될 거라는 섣부른 예측도 했었다. 이제야 어찌 살아야 할지 조금은 알 것 같다.

구도자의 수행으로 오묘한 결까지 품은 명검을 넘보는 건 언감생심이다. 지금의 내 모습은 무르고 무디지만, 그렇다고 안타까워할 필요도 없다. 빛나는 삶이 반드시 좋은 것도 아니다. 주어진 삶을 순명順命으로 받아들이며 어떤 사람에게는 보탬이 되고, 누군가에게는 꼭 필요한 사람으로 사는 것도 대자연의 섭리인 것을.

요선암 邀仙岩

바위도 늙는다. 산촌의 분교운동장만 한 암반이 강바닥에 드러누웠다. 단단했던 바위는 제 몸 곳곳을 내줬다. 물이라 가벼이 여긴 대가로 갈리고 파여 모난 구석이라곤 없다. 어떤 곳은 포탄이 떨어진 곳처럼 움푹 파였다. 파인 형상도 제각각이다.

이곳을 제대로 느끼려면 장마가 끝난 초가을이 좋다. 장마는 잃는 것도 많지만, 강의 자정효과도 있다. 강바닥을 뒤집어 이끼와 물때로 덥인 강을 자갈과 모래로 하얗게 벗겨낸다. 이렇게 단장을 끝낸 요선암이 반길 것이다.

요선암은 초입에서 멀거니 바라보거나 서두르면 제 맛을 느낄 수 없다. 공들여 꼼꼼히 살피며 느껴야 한다. 가능하다면 강 안쪽으로 들어가는 게 좋다. 강물에 반쯤 잠기고 조망하기 좋은 데다 돌개구멍으로 물이 휘돌아 나가는 곳이면 안성맞춤이다. 잘 닦여 있으니 편안하게 걸터앉아도 옷을 버릴 염려는 없다. 햇살에 적당히 달궈진 바위는 군불 땐 아랫목처럼 따뜻하다. 운이 좋으면 여울 타기를 즐기는 옆줄무늬가 산뜻한 쉬리와 도톰한 주둥이를 가진 돌고기도 만날 수 있다.

돌개구멍을 돌아나가는 강물은 소리도 모양도 수시로 바꾼다. 잠시도 꽁지 깃을 가만두지 않고 까불거리는 물새 소리와 변화무쌍한 강물 소리를 곁들이면 그 어디에서도 들을 수 없는 자연의 오케스트라를 감상하는 셈이다. 때맞춰 두둥실 떠가는 한 점의 구름이 있다면 금상첨화다. 하늘을 품은 강물로 하얗게 분칠하고 단장한 요선암은 그야말로 내 고향 무릉도원武陵桃源의 백미다.

남한강 상류인 주천강은 겨울이면 숨죽이고 깊은 잠을 잔다. 해동이 되고 갯버들이 이파리를 틔우면 고요하기만 할 것 같은 강물 속은 자연의 섭리에 순응하는 몸짓이 시작된다. 새 생명을 키워내기 위해 산란으로 부산한 강바닥은 미끈거리는 누런 이끼와 물때로 사람의 발도 못 붙이게 한다. 이처럼 순환하는 자연의 법칙은 철저하고도 무섭다.

마냥 부드럽게 타고 넘으며 소리 없이 흘러가는 강물인 줄 알지만 그게 아니다. 무장한 세월 동안 쉬지 않고 흐르는 강물은 연중 두세 번은 광풍이 휘몰아치듯 성난 물살을 만들어낸다. 거센 물살은 앞을 막아서는 바위에 맞서 휘감는 와류를 만들어 자갈과 모래로 굴리고 문지르며 저리도 움푹 파놓았다. 물길을 거부하면 거부할수록 그 응징은 무서웠다. 드러난 부분은 둥글게 갈아댔고 급히 물살이 떨어지는 곳은 더 오목하게 파놓았다.

바라보는 각도와 위치에 따라 달리 보이는 요선암, 보는 이의 감성이 풍부할수록 맺히는 상像도 풍성하다. 이곳의 큰 매력이다. 마치 뽀얀 가슴과 속살을 드러내고 비스듬히 누운 르누아르의 〈목욕하는 여인〉도 볼 수 있다. 남정네의 마음을 뒤흔드는 나부의 모습, 바위에 올라와 휴식을 취하는 물개, 쉬지 않고 기어가는 거북이의 모습도 보인다. 돌개구멍이 곳곳에 자리한 천연기념물인 무릉리 요선암은 볼수록 푹 빠진다. 여기저기를 둘러보면 인간이 도저히 흉내 낼 수 없는 자연의 조각품에 놀라게 된다. 오죽하면 조선 중기 봉래 양사언이 평창군수로 재임 당시 이곳의 빼어난 경치에 반해 요선암邀仙岩이라 새겼다고 한다.

그날의 일기와 시간대에 따라 달리 보이고 계절과 흐르는 강물의 수위에 따라 더욱 다르게 보이는 곳, 그 너른 암반 위에 멋스러운 자연의 예술품이 연중 휴관 없이 전시된 천연박물관이 돌개구멍을 품은 요선암이다.

나그네의 발길을 쉬 돌리지 못하게 하는 마력이 이 넓은 암반에 있다. 풍류를 즐기라는 유혹이다. 아무리 속도와 계산이 지배하는 각박한 세상이라 할지라도 마음 한 자락 깔 여유만 있다면 즐길 수 있는 일이다. 살랑거리는 바람과 흘러가는 강물에 마음을 내려놓고 자연과 하나 됨이 풍류일 것이다.

살면서 멍들지 않은 가슴이 있던가, 생을 포기하고 싶도록 흔들리기도 했을 것이다, 고단한 생에 맞서다 푹 파인 가슴이 되기도 했다. 자연에 순응하며 순리대로 산다는 것, 그래야 한다고는 믿으나 실행은 어렵다. 내려놓을 수 없는 무거운 짐을 지고 있을 때, 대못 하나 가슴에 박고 살 때, 사는 게 시큰둥할 때, 자연과 더불어 풍류를 느끼고 싶을 때면 내가 그랬듯 요선암을 찾아 무아의 경지에 빠져보라 권하고 싶다. 머무는 시간만큼은 신선神仙이 따로 없다.

무릎에 대하여

충직하다. 어디든 그가 앞장서야 갈 수가 있다. 무슨 업보를 지었기에 평생 무거운 체중을 짊어져야 한다. 손과 입이 저지른 잘못도 무릎이 꿇어야 한다. 더는 몸을 낮출 수 없는 오체투지도 그가 구부려야 가능한 일이다.

신장身長의 삼분의 일쯤, 다리 양쪽에 자리 잡았다. 강력한 전후

십자인대, 측면 인대와 근육이 연결되고 마찰과 충격을 완화하는 연골이 슬개골과 대퇴골, 경골을 감싼 모양새다. 진중하고 점잖다. 거부도 모른다. 부당하면 투덜대기라도 하련만 그럴 줄도 모른다.

뒤로는 뒤꿈치와 궁둥이가 닿도록 굽혀지지만, 좌우는 조금만 틀어져도 탈이 나는 것도 이곳이요, 갓난아이의 배밀이가 끝나면 고달파지는 것도 무릎이며, 눈이 보고 뇌가 명령한 대로 움직여야 한다. 인간이 느끼는 최상의 쾌락도 남녀 간 무릎이 겹쳐져야만 한다. 뜻하지 않은 부상으로 설사 발목을 잃어도 무릎이 있으면 걸을 수도, 달릴 수도 있다는 걸 의족 스프린터로 확인했다.

연말연시가 되고 명절이면 수많은 문자가 날아든다. 빠지지 않는 것은 '건강하라.'는 덕담이다. 건강해지고 싶지 않은 사람이 어디 있을까. 아프지 않고 살기를 원하는 것도 욕심이지만, 정작 많은 이들은 건강을 위해 절제된 음식 섭취와 꾸준히 운동하는 것을 외면한다.

사무실 건너 아파트 뒤에는 각종 운동기구가 설치돼 있고 걷기 전용 인도가 있다. 이곳을 이용해 운동하는 사람 중에는 뚱뚱한 몸으로 줄넘기와 달리기를 하는 것을 보면 얻는 것만 염두에 두고 잃는 것은 모르는 것 같아 안타깝다. 충격을 받은 무릎연골은 쉽게 손상되기 마련이다. 근육이나 머리는 쓰면 쓸수록 발달하는 데 비해 무릎연골은 한번 닳거나 손상되면 재생이 안 된다고 한다.

나이가 들면 권장하는 운동이 있다. 허리 강화와 하체를 단련시키는 운동이다. 허리운동은 오랫동안 해온 터라 하체운동을 위해 팔짱을 끼고 앉았다 일어서기를 했다. 몇 번 하지도 않았는데 "뚝뚝"거리며 무릎이 이상 신호를 보내온다. 언제까지나 충직한 일꾼으로 남아있을 줄 알았는데 착각이었나 보다. 운동이라는 달착지근한 약으로 살살 달래며 살아야 할 것 같다.

손상돼도 통증을 느낄 수 없는 침묵의 장기인 간처럼 다 닳아 뼈가 서로 닿기 전까지 무릎연골은 아무런 신호도 보내지 않는다. 얼마큼 닳았는지 얼마나 더 쓸 수 있는지를 가늠할 수가 없는 게 무릎이다. 그런 줄도 모르고 지리산, 설악산 종주하고 전국 100대 명산을 찾아 등산하고 조깅에 마라톤까지 뛰며 무릎을 혹사했던 무모함을 이제야 느낀다. 돌아보면 함께할 때는 모르다 미욱하게도 잃고 나서야 그 소중함을 알고 후회를 하곤 한다.

빛바랜 유모차에 몸을 의지해 힘겹게 걷는 등 굽은 할머니의 뒷모습을 한동안 바라본다. 활처럼 휜 다리 사이를 스치는 바람이 헐렁한 바짓가랑이를 흔들어댄다. 지나온 삶이 내 어머니만큼이나 고단했을 것 같아 가슴이 짠해 온다.

당신의 무릎에 온통 짊어져야 했던 어머니. 일찍 찾아온 퇴행성관절염을 치료하려고 약쑥을 비벼 손수 뜸을 떴다. 심한 화상으로 곪은 상처에는 고름이 줄줄 흘러내리기도 했다. 빤한 틈 없이 번들거리던 뜸 자국이 난 어머니 무릎은 고난의 흔적이요, 희생의 증거였기에 반세기가 지났어도 잊을 수가 없다.

늘어나는 수명으로 무릎이 아프다는 여성이 많다. 남성보다 근육량이 적은 여성은 묘하게도 안으로 조여 주는 근육에 비해 밖으로 당겨주는 근육의 퇴화는 늦단다. 그러다 보니 앉으면 자연스레 벌어지는 다리요, 일어서면 휘어지는 다리가 된다. 퇴행성관절염으로 가는 길이다. 쪼그려 앉아 일하고 빨래와 청소하느라 연골이 닳고 손상돼 아프니 딱하지만, 도리가 없다. 요즘은 의술의 발달로 뼈를 깎고 구멍을 뚫어 인공관절을 넣는 수술을 일부 하기도 하지만, 고비용인데다 수술 후의 고통도 만만치 않을 것 같다.

인생 100세 시대라지만 생과 사는 천명이며, 우주의 관점에서 본다면 반짝 빛을 내고 사라지는 존재다. 그 짧은 동안 부와 권력,

명예와 무병장수를 탐하느라 정작 자신을 구하지 못하는 게 인간이지 않은가.

몸을 불편하게 하는 것이 사는 길이고, 안락과 편함을 추구하면 뼈와 근육을 약하게 만드는 길임을 이순에 들어서야 깨닫는다. 아무리 오장육부가 건강한들 무릎이 무너지면 문밖출입은 물론이요, 화장실조차 의지대로 갈 수 없다. 의자에 앉거나 누워야만 겨우 쉴 수 있는 무릎, 여태 걸어온 길도 멀리 왔지만, 아직 가야 할 곳도 많다. 미안하고 고맙지만 마음먹으면 군소리 없이 나서는 무릎이 있기에 나는 오늘도 훌쩍 떠나는 꿈을 꾼다.

마음을 메우다

홀로 지낸 다섯 해보다 병구완하던 스물다섯 해가 낫다고 한다. 입이 짧아 비루먹은 개마저 치우고 나니 사람이 더 그리운데, 자식들은 저 살기 바쁘다며 외면한다. 한 달이 다르게 굳어가는 아픔을 겪는다. 찾아올 사람 없고 가야 할 곳 없으니 날만 저물면 문을 걸어 잠근다. 유일한 낙은 성경을 읽고 자손을 위해 기도하는 시간이다.

늙은 사람을 참담하게 만드는 것은, 남이 아닌 자식이다. 이유야 있다지만, 이해하기 어려웠다. 기껏해야 연중 두어 번 다녀가는 집이다. 대처에 사는 자식들이 모두 올 거라 믿었던 당신은 깜빡거리는 정신으로 눈에 띄고 생각나는 대로 새끼들 입에 들어갈 것을 준비했는데, 정작 눈에 띄어야 할 자식들이 안 보이자 몹시 실망했다.

좌불안석인 당신 심정을 알 것 같다. 긴 기다림이 허사가 된 부모 마음을 나 역시 처음으로 겪었다. 연구 중인 프로젝트의 일정상 근무를 해야 한다는 며느리의 전화를 받고 혼란스러웠다. 쌓이는 스트레스와 피로가 걱정되면서도 내심 서운했다. 내 자식은 절대 안 그럴 것이라는 믿음이 깨지니 긴 가뭄의 논바닥처럼 마음이 갈라졌다.

유학 중인 딸을 보러 일본에 간 처남이야 그렇다 치고, 지근에 본가를 둔 동서 가족이 보이질 않았다. 다른 자식보다 사근사근하게 전화로 안부를 전하던 공로연수 중인 그가 명절을 쇠러 오지 않은 것은 간단히 해결될 문제가 아님을 당신은 아셨다.

"지들이 살든 갈라서든 난 모르네만, 오 서방은 내 가슴속에 있어."

오죽하면 저런 말을 하실까. 가슴이 저렸다. 저 속내를 동서 내외가 알기나 할까. 비록 속이야 곪을 지경이라도 다녀갔으면 좋으련만 안타까웠다.

동서가 맏이인 본가 분위기는 더 심각할 것 같다. 퇴직을 앞둔 시점이라 예민해진 부부가 자주 부딪치는가 보다. 얼마 전 당사자와 긴 통화를 했지만 묘안이 없었다.

직장에 다닐 때 일본 출장을 많이 다녔다. 업무와 밀접한 일본어를 공부하면서 그들의 의식구조를 알게 되었다. 그들도 싸웠다. 다만 남에게 폐를 끼치지 않게 싸우다 방문객이 오면 아무 일 없다는 듯 맞이하고 돌아간 후에 다시 싸우는 걸 알았다. 양면은 있지만, 격앙된 감정을 그대로 얼굴에 드러내는 우리보다 낫다는 생각을 했다.

돌아보면 성급하게 저지르고 후회한 적이 많았다. 판단오류로 대소 완급의 순위가 잘못 매겨지거나 가까운 관계를 소홀히 한 경우였다. 후회하지 않는 삶을 살 수는 없다. 다만 적게 하도록 노력하는 게 지혜롭다고 생각한다.

마당을 거닐다 보니 심란했다. 그냥 둘 수가 없다. 명절이지만 마침 문을 연 가게가 있다. 미장용 시멘트 12포를 샀다. 작지만 묵직했다. 망치로 마당을 깨고 시멘트를 들어내니 흙바닥이 울퉁불퉁하다. 시멘트가 비교적 얇은 곳이 더 깨지고 갈라졌다. 삽으로 바닥을 더 파낸 다음 고르고 발로 밟았다.

"이거 자네 혼자 못햐. 내가 사람을 얼른 구해 올 테니 쉬고 있으랑게."

큰사위가 안쓰러워 하시는 말씀이지만 만류했다. 시멘트에 물을 부어 반죽하면서 당신의 태산 같은 근심이 기우이길 바라고, 사소한 것들에 부딪히는 마음이 수그러들었으면 하는 내 염원을 함께 넣어 비볐다. 사람 간의 갈등이 쉽게 해소되지 않듯 처음에는 잘 섞이지 않았다. 오래 삽으로 뒤집으며 비볐다.

깨진 마당을 바르는 것은 단순하게 시멘트를 채우고 바르는 작업이 아니었다. 늙어가는 것만으로도 아프고 외로운 당신을 위무해드리고, 분란으로 갈라진 마음의 틈을 메우는 일이다. 잘 섞인 시멘트를 바닥에 붓고 각목으로 폈다. 도톰하게 채워진 시멘트를 흙손으로 몇 번을 밀고 당기며 매끈하게 다듬으며 정성을 다했다. 물기 어린 바닥에는 내려오지 못한 얼굴이 비치는 것 같다. 미안한 표정이다.

한나절이 돼서야 일이 끝났다. 발라놓은 마당을 누가 밟을세라 사방으로 나무막대를 걸쳐놓았다. 메워놓은 마음에도 다시 상처가 나지 않도록 튼튼한 보호막을 씌웠다. 어려운 숙제를 마친 듯 개운했다. 굳어 있던 장모님 얼굴에 비로소 환한 웃음꽃이 폈다.

"마당을 봉께 나가 아주 기분이 존네. 우리 큰 사우 고상했고마."

고달팠던 내 노동은 갈라진 마음 메우기였다.

사성암의 마을버스

사흘째 폭염 경보다. 절인 배추처럼 축 늘어졌던 몸이 섬진강 바람으로 기운을 차린다. 사성암 가는 길이다. 버스정류장에 도착하니 안내문이 길을 막는다. 전용 마을버스를 이용하란다. 도로가 조붓한 데다 꼬불꼬불하고 가풀막져 운전이 간단치 않은가 보다.

까만 선글라스로 기사는 한껏 멋을 부렸다. 바로 앞에서도 눈동자가 보이지 않는다. 큰 덩치에 걸맞게 품이 넉넉한 줄무늬 남방을 입고 헐렁한 반바지 차림이다. 트로트 가락에 맞춰 흥얼거리면서 굽은 도로를 따라 핸들은 잘도 돌린다. 완전히 물 만난 고기다. 원심력으로 핸들을 왼쪽으로 돌리면 승객은 오른쪽으로 밀리고, 오른쪽으로 돌리면 왼쪽으로 쏠렸다. 사방에서 놀이기구를 타듯 "오우!" 환호가 나온다. 모두 즐기는지 불쾌한 기색이 없다. 스릴 넘치는 곡예운전은 이어졌다.

사성암 주차장에 버스가 멈춰 선다. 여행객의 얼굴에 아쉬운 표정이 역력하다. 급경사에다 꼬불꼬불한 도로라 탄력을 받으려고 속도를 내는 건 불가피했는데 나름 즐긴 셈이다.

오르막길을 걷느라 가빠진 숨을 잠시 고른다. 바람이 끌어안은 풍경 소리가 마음을 다독인다. 사성암이다. 자리한 곳도 예사롭지 않지만, 위태롭게 절벽에 서 있는 유리광전을 보니 혀가 내둘린다. 산세가 험한 이곳까지 자재를 운반해 절집을 지은 선인들의 고단함이 느껴진다.

사성암은 어디를 가든 길 양옆에는 하얀 마킹 펜으로 소원을 적은 기와가 쌓여 있다. 무슨 소망이 저리도 간절하고 많은 걸까.

늘어선 바위에 동전을 올려놓거나 걸칠 작은 턱만 있어도 다닥다닥 붙여놓았다. 동전 하나를 올려놓는 것 또한 가족의 건강과 평안을 기원하는 행위일 게다. 오백 원짜리 하나를 올려놨다. 자석이 끌어당기듯 달라붙는다. 기분이 좋다.

햇볕은 뜨겁지만 바람은 시원했다. 산사를 돌다 "정진 중이니 조용히 해 주십시오."라는 팻말을 본다. 솟을문 사이로 댓돌 위에 놓인 하얀 고무신이 한 폭의 정물화다. 안에 있을 스님 모습이 궁금하다.

내려가는 버스의 엔진 소리가 한결 부드럽지만, 몸이 흔들리는 건 매한가지다. 자리가 운전석 바로 뒤라 기사의 뒷모습을 보니 큰 두상이며 돌돌 말린 파마머리, 큼직한 귀에 걸맞은 두툼한 귓불이 영락없는 부처다. 흔들리다 보니 어느새 정류장이다.

휴가 중 마지막으로 들른 사성암을 뒤로하고 귀가하는 차안. 아내의 행동이 이상하다. 배낭의 내용물을 모두 쏟아놓고 부산을 떤다. 휴대폰이 없단다. 차를 세우고 시트 밑이며 차 안을 샅샅이 뒤졌지만, 어디에도 없다. 낭패다. 구입한 지 얼마 안 된 스마트폰에 비상연락망을 비롯한 연락처는 물론이요, 천여 장의 사진도 고스란히 담겨있어 더욱 허둥대는 것 같다.

아내의 휴대폰으로 전화를 했다. 신호음은 가지만 받지를 않는다. 발신횟수를 거듭할수록 점점 애가 탄다. 네 번째 전화를 거니 그제야 받는다.

"여보시오."

굵직한 남자 목소리다.

"아! 그 휴대폰 주인인데 어디신지요?"

"아따, 사성암 마을버스 기사라요. 차 바닥에 굴러댕겨싸 보관하고 있응께 싸게 오시오잉."

집사람이 급 반색을 한다. 너무 멀리 와 다시 돌아가기가 어려우니 수고스럽지만, 택배로 보내 달라는 부탁을 했다. 그분은 걱정하지 말라고 한다. 다행이다.

차에서 습득한 휴대폰을 팔아넘긴다는 뉴스를 본 적이 있다. 극소수겠지만 휴대폰을 잃고 속 태우는 주인의 심정을 헤아린다면 몇 푼을 얻겠다고 양심을 팔아서는 안 될 일이다. 얼마 전에는 휴대폰을 돌려주는 조건으로 분실한 승객과 흥정하는 몰염치한 택시기사 이야기도 전해 들었다. 안타까웠다.

택배가 도착했다. 잃어버렸던 휴대폰을 보니 반가웠다. 기사분이 고마웠고 갚아야 했다. 구례읍의 과일가게를 검색해 최상품의 복숭아 한 상자를 배달시켰다. 전화벨이 울린다. 마을버스 기사다.

"워매, 요로코롬 안 해도 되는디 우째야 쓰까나. 요런 건 늘상 하는 일이지라."

며칠 후 택배를 또 받았다. 사성암 마을버스 기사다. 택배 박스를 열어 보고 전화를 했다.

"뭐 이런 걸 보내시고 그러세요. 잘 먹겠습니다."

"아 글씨, 보낼 게 마땅치 않아 매실청을 쪼까 보냈응께 드셔 보드라고요."

그날은 먹지 않아도 배가 고프지 않았다.

감자

내 유년의 기억은 감자로 시작된다. 허기진 배를 채워주던 감자는 늘 가까이 있었다. 궁핍했던 1960년대 저녁은 찐 감자 몇 개와 한 사발의 오이냉국이면 만족했다. 냉국이 없어도 걱정할 일은 없다. 젓가락에 푹 꿰어진 감자에 고추장을 발라 먹으면 매콤하고 짭조름한 맛에 입맛이 동했다.

어느 것과도 잘 어울리는 감자는 식감이 단단한 강냉이밥을 부드럽게 할 때는 밥 위에 올라앉았고, 고추장을 뒤집어쓰고 냄비 안에서 불 고문도 당했다. 옴팍한 대접에는 간장으로 바짝 졸인 쪼글쪼글한 새끼 감자조림은 짭조름하면서도 쫄깃했다. 강판에 갈아 지진 감자 부침개는 별미다. 그러나 최강의 감자 요리는 감자를 썩혀 얻은 전분으로 만든 감자떡이다.

하굣길, 배고픈 아이들을 감자밭이 유혹했다. 줄기가 무성한 감자포기의 옆구리를 손가락으로 살살 후비면 여물지 않은 밤톨만 한 뽀얀 감자가 얼굴을 내민다. 많이도 필요 없다. 서너 개의 감자만 따면 강가로 달려갔다. 물에 담그고 손바닥으로 살살 문지르면 얇은 껍질은 홀라당 벗겨졌다. 하얀 감자를 입에 넣고 씹으면 약간 아리지만 허기를 면하기에 충분했다.

내 고향 영월은 감자를 캘 무렵이면 전쟁터를 방불케 한다. 뜨거운 땅김이 훅훅 온몸을 휘감는 여름날, 그곳에 엎드려 적어야 서너 가마, 많은 집은 몇 십 가마를 캐야 했다. 그 많은 양을 호미로 일일이 캐고 지게로 날라야 했으니 그 삶은 지난하기만 했다.

일하기 싫은 일꾼의 몽니는 감자가 옴팡 뒤집어써야 했다.

호미에 찍혀 나오는 감자가 늘어났다. 상처 입은 감자는 보관할 수가 없다. 그런 것들을 활용한 게 감자를 썩혀 전분을 얻는 일이다. 감자 수확이 끝날 때쯤이면 집 앞 도랑가에는 하나같이 주둥이를 철사로 칭칭 동여맨 배불뚝이 큰 독이 자리를 잡는다. 그 독은 흙을 털어낸 호미에 찍힌 재수 없는 녀석, 굼벵이가 파먹은 놈, 메추리알만 한 작은 감자들을 모두 품어 안고 썩혀야 했다. 그러자니 자연스레 감자가 썩는 고약한 냄새는 온 동네에 진동했다.

감자 전분을 얻는 일은 지독한 고행苦行이다. 푹 썩은 감자를 빨래하듯 주무르며 껍질을 걸러내야 한다. 당연히 맨손으로 한다. 이렇게 걸러진 앙금은 수없이 물을 갈아 주면서 우려낸다. 그때쯤이면 자글자글 주름진 엄마의 손에서는 지독한 구린내가 났다. 나는 엄마의 그 손이 싫었다. 철없던 아들은 냄새가 난다고 옆에 오지도 못하게 밀쳐냈으니 얼마나 난감했을까.

얼마 전, 아내의 심부름으로 감자가 담긴 묵직한 종이 가방을 들고 엘리베이터를 탔다. 서서히 접착 부분이 조금씩 벌어지는가 싶더니 순식간에 밑이 빠지면서 내용물이 모두 쏟아졌다. 출근 시간이라 더 황당했다. 동행한 사람들이 코를 막고 시선을 돌린다.

악취가 코를 찌른다. 상처 난 몇 개의 감자가 썩으면서 종이가방 전체를 적신 게 화근이다.

경황없이 성하다 싶은 종이가방 쪽으로 감자를 쓸어 담았다. 썩은 감자가 흘린 물은 손수건으로 처리했지만, 엘리베이터에 퍼진 냄새는 어쩔 도리가 없었다. 동행한 이들에게 연신 고개를 숙였지만 정작 문제는 내 손이다. 몇 번이나 비누로 씻어도 냄새는 그대로다. 그것은 유년시절 내가 그리도 싫어하던 엄마의 손에서 나던 냄새였다. 몇 개의 썩은 감자로도 이렇게 지독한 냄새가 나는데 큰독에 가득했던 썩힌 감자를 걸러낸 손이야 오죽했으랴.

고구마는 달고 차지나 체하고 조금만 썩어도 써서 먹을 수 없다. 그러나 감자는 달지 않지만 은근하고 구수한 맛을 지니며 탈이 없다. 숙성이 아닌 제 몸이 썩으면서도 독을 만들지 않고 온전한 먹을거리를 제공하는 것은 감자가 유일하다.

흠집 나고 벌레 먹은 것조차 종잇장 같은 껍질만 남긴 채 썩혀서 남겨준 전분은 마지막까지 인간에게 희생하는 감자의 영혼이다. 생감자로 얻은 전분보다는 세월을 깔고 고행을 통해 썩혀서 얻은 전분의 까무잡잡한 감자떡이 더 쫀득거리고 맛있는 건 당연하다. 가치가 높은 것 일수록 쉽게 얻지 못하는 게 세상 이치다.

사람들은 나를 보고 감자바우라 한다. 고향이 강원도라 늘 들어온 별명이다. 듣기 싫지도 않다. 누가 뭐라든 이래도 흥, 저래도 흥 하지만, 속이 없는 건 아니다. 분별하되 분별하지 말라는 무심無心의 경지도 아니다. 그저 감자가 완전히 썩어 독이 없는 전분을 내주듯 그렇게 흉내라도 내며 살고 싶을 뿐이다.

까만 감자떡을 보면 아직도 엄마가 보고 싶다.

2부

당신이 그리울 겁니다

“난 말이여, 상추쌈에 실파를 얹어 먹으면 제일 맛있어.”라며 저한테도 그리 먹길 권하셨던 당신은 집에서 담근 고추장이며 사촌동생이 짜다 준 들기름 한 병도 제뭇이 되곤 했습니다. 늦가을 사모님이 담근 초고추도 한 통씩 주셨지요. 5남매나 되는 당신의 자식보다 더 많은 사랑을 받는 것 같아 죄송스럽기도 했습니다.

개갑開匣

통통하게 살 오른 대추가 붉다. 수많은 시련을 견뎌내고 단맛을 품었을 대추, 한 알을 따서 깨물면 입안 가득 단물이 고일 것만 같다. 뒤늦게 연한 녹색의 자잘한 꽃을 피우지만, 몸집을 불리고 완숙의 기간은 짧기만 하다.

늘 궁금했었다, 왜 사람의 손길이 닿는 집안이나 옛 집터에만 대추나무가 있는지. 알고 보니 대추나무는 지표면으로 뻗는 뿌리에 의해 싹을 틔우며 종족을 이어간다. 나무도 단단하지만, 대추 씨는 더 단단하다. 복숭아처럼 반으로 갈라지지도 않는다. 그러니 열매가 땅에 떨어져도 싹을 틔울 수는 없다. 이런 수종은 개갑開匣이라는 인공발아로 번식시키기도 한다.

인간도 별반 다르지 않다. 쉽게 임신이 되어 출산하는 가정이 있는가 하면 많은 시간과 비용, 고통을 감수하면서 현대의학의 도움으로 잉태하는 임산부가 늘어나는 추세라고 한다. 그렇게 탄생한 생명일수록 오랜 기다림과 견디기 힘든 고통을 수반하기에 더 소중하게 느낄 것만 같다.

인간의 잠재능력도 본인의 노력과 여건에 의해 무한한 가능성을 펼치기도 한다. 능력을 갖춘 원석을 발견하고 재능을 발휘할 수 있도록 잘 다듬고 가공하면 세상에 단 하나뿐인 훌륭한 보석으로 탄생한다. 일찌감치 눈에 띄어 능력을 발휘하는 사람이 있는가 하면, 뒤늦게 발굴돼 '저 사람에게 과연 저런 능력이 있었을까.' 라며 놀라기도 한다. 아무리 재능을 가진 사람도 그 능력을 발굴하고 인정해 주지 않으면 사장死藏되고 만다.

초등학교 4학년 봄, 전교 어린이 글짓기대회가 열렸고 〈봄바람〉

이라는 동시로 응모했다. 자그마한 시골학교였지만 최우수상을 받았다. 그날 "너는 글 쓰는 재주가 있다."라던 선생님은 내 안의 잠재된 문학의 씨를 보셨던 것이다.

나는 자력으로는 싹을 틔울 수 없는 단단한 대추 씨였다. 문학의 스승께서는 열정적으로 내 표피를 얇게 갈고 적정온도와 습도를 맞추고 햇볕을 쬐는 개갑을 통해 수필이라는 싹을 틔우게 했다. 그렇기에 나의 글쓰기는 늘 겸손과 감사함으로 시작하며 진정성을 바닥에 깐다. 또한 받은 만큼 돌려주려 한다.

누구의 개갑을 위해 도움을 줄까라는 난제難題를 달고.

목에 관한 고찰

꼿꼿하지만 유순하다. 오직 머리만 받든다. 보려는 곳, 소리 나는 곳, 냄새에도 즉각 반응한다. 머리를 모시는 게 힘들다며 투정할 법도 하지만 그럴 기색은 없다. 어디 그뿐인가, 어디서든 껄끄러운 상대를 만나면 재빨리 고개를 숙이거나 돌려서 모면하는 기지도 발휘한다.

체중을 감당하는 무릎보다야 낫지만, 머리를 담당하는 일은 녹록지 않다. 지시에 따라 수시로 위치를 바꾸지만, 고달파도 꾹 참는 충직한 참모다. 어깨 다음으로 유연하면서도 정확하고 빠르게 움직인다. 앞뒤. 좌우로 구부리고 회전도 가능하다. 주인이 잠들면 팔다리는 쉬지만, 목은 그럴 복도 없다. 베개의 높이에 따라 구부리고 틀어야 하며 잠버릇이 고약하면 깨어있을 때보다 더 힘든 게 목이다.

반 뼘 길이의 목은 짧고 가늘지만 구조는 복잡하다. 두개골에 연결된 일곱 개의 경추는 척추와 이어진다. 혈액을 공급하는 대동맥과 통신망인 신경이 지나가고 밥의 통로인 식도食道와 숨의 길인 기도氣道, 노래와 말을 할 수 있게 하는 성대聲帶가 있다.

각도에 따라 타자의 평가가 달라진다. 쫙 펴진 어깨에 곧추세운 목은 자신에 차 있다 하고, 푹 숙이고 다니면 기가 죽어 보인다고 한다. 지하철 의자에서 떨어질 듯 기운 채 졸고 있는 목은 고단함의 상징이요, 상하좌우로 쉴 새 없이 돌아가는 목은 탐貪을 위한 목이다. 중장년의 목을 보면 인생이 보인다. 얼굴이야 당기고 펴서 팽팽하게 만들 수 있지만, 목은 인간의 의술을 완강히 거부한다. 그러다 보니 목에는 그 사람이 살아온 내력이 고스란히 그려져 있다.

목은 항상 위험에 노출돼 있다. 유약한 목은 최고의 급소라 단숨에 제압하려는 맹수가 노리고, 이성을 잃은 억센 손아귀가 강하게 움켜쥐는 것도 그곳이며, 장수의 칼날이 향한 곳도 목이고, 고달프고 험한 세상살이에 단 하나뿐인 생명을 버릴 때도 줄을 목에 건다.

태국이나 미얀마에 걸쳐 사는 소수민족인 카렌족의 여자들은 여덟 살부터 링을 끼워가며 목을 늘린다. 이는 아름답게 보이려는 것보다 밀림에서 양식을 구할 때 맹수로부터 목을 보호하기 위해서라니 왠지 짠하다.

목이 늘 고달프기만 한 건 아니다. 빛나는 주연에 조연이 필요하듯 짜릿한 키스도 목을 숙이고 들어주며, 서로 어긋나게 해줘야 뜨거워질 수 있으며 밤을 지새운 연인들에게 남겨진 흔적도 이곳이다.

목에 경고등이 켜졌다. 늘 숙이고 구부리다 보니 탈이 난 게다. 컴퓨터로 업무를 보고 책을 보며, 스마트폰에 푹 빠져 혹사당하다 보니 거북이 목과 일자一字 목이 된다. 목이 아파도 찾는 건 파스 몇 장뿐이다. 그러다 병이 더 진행돼 팔이 저리고, 머리, 어깨,

등이 심하게 아픈 목 디스크가 된다. 어깨가 아프다고 파스를 붙이고 안마기로 마사지를 한들 효과가 있을 리 만무하다.

요즘 들어 목 디스크로 수술하는 사람이 늘어난다고 한다. 치료보다는 예방이 우선이다. 짬이 날 때마다 목을 살살 돌려주고 앞뒤로 구부리며 쌓인 피로를 풀어줘야만 한다. 입안의 혀처럼 알아서 하며 아프고 힘들어도 칭얼대지 않는다고 속마저 편한 건 아닐 것이다.

질병 대부분은 잘못된 자세에서 온다. 목을 꼭 구부려야 한다면 가끔 풀어줘야 한다, 천정이든 뿌연 하늘이든 쳐다보며 긴장하지 않아도 좋은 느긋한 여유를 목에 주자. 한껏 젖혀야 편한 게 목이다.

빈번히 일어나는 교통사고, 에어백이 설치되지 않은 차를 운전하다 추돌하면 심한 경우 목뼈가 부러져 하반신 불구나 전신마비를 일으키기도 한다. 누구도 예외일 수 없다. 얼마나 무서운 일인가.

목은 밥의 통로이다. 그런 목을 두고 생겨난 말이 있다. 목으로 밥알을 넘길 가족을 생각해 어쩔 수 없이 참아야 할 때는 포도청이요, 밥줄이 끊어지면 목이 잘렸다고 한다.

가볍게 숙이는 목은 예의이며, 깊이 구부리는 건 겸손이다.

앞뒤로 끄덕거림은 이해며 긍정이다. 세상을 혼자 살 게 아니라면 도리질만 자주 안 하면 된다. 들고나며 통通해야 하는 목, 밥이야 며칠 안 넘겨도 살지만, 기도가 막히면 단 몇 분 만에 사지死地로 몰릴지도 모를 일이다.

주천강의 봄

길게 뻗었던 강이 뒤척인다. 기지개를 켜며 깨어나는 소리는 조용하고 낮지만, 그 울림은 크다. 수많은 생명을 품어 안고 흐르는 강, 내 고향의 봄은 두꺼운 얼음장 밑으로 먼저 찾아든다. 아직은 따스한 햇볕이 내리쬐는 것도, 춘풍이 부는 것도 아니건만 배앓이하는 아이 배를 문지르는 엄마의 손길처럼 얼음장을 살살 비비며 온다.

좋아도 좋은 척, 싫어도 싫은 척 하지 않는 내숭쟁이 강은 그렇게 봄을 반긴다. 이즈음, 눈으로 보기에 멀쩡한 얼음판이라고 냉큼 올라서면 낭패 보기 십상이다. 물살의 결대로 녹아버린 얼음장은 이미 잔뜩 골병이 들어있기 때문이다.

땅을 부풀게 하는 봄은 생명 탄생의 서막이요, 목숨을 이어가는 생명체에 활력을 넣는 계절이다. 잠자던 물고기도 몸을 풀고, 돌 밑에 숨었던 다슬기도 고개를 내미는 시기다. 물고기의 먹이가 될 이끼로 도배한 돌들도 물고기 떼를 기다리며 달뜬 가슴이 되곤 한다.

내 유년의 주천강은 안팎으로 분주했었다. 잰걸음으로 뛰어다니는 물새 소리가 요란할 즈음이면 마냥 평화로웠던 물속도 예사롭지 않았다. 날도래, 잠자리 유충이 생존경쟁에 뛰어들어 덩치를 키웠고, 산란을 앞둔 꺽지 · 퉁사리 등 물고기의 사랑놀이로 강물이 후끈 달아오르곤 했었다.

해거름이면 마을이며 강은 온통 노을에 젖고 그런 강에서 치러지는 피라미 떼의 반짝거리는 합동공연은 놓치면 안 되는 장관이었다. 피라미가 힘차게 뛰어오르는 건 혼인 비행을 하는 하루

살이를 낚아채기 위해서다.

달려드는 성미 급한 주천강을 가로막고 찬찬히 돌아가라며 으르고 타이르던 설구산은 강기슭 군데군데 철쭉꽃 무리로 치장해 멋들어지게 물그림자를 띄우곤 했었다.

몇 해 전, 봄이 물드는 고향을 찾았다. 굽이도는 물길을 따라 소풍을 가고 동네 아낙들이 추렴해 천렵 가던 오래된 자드락길은 종적 없이 사라지고 산허리를 들어낸 아스팔트 길이 안내했다. 그런 인간의 길과는 상관없이 내 길을 간다는 듯 주천강은 무심하게 흘러간다.

유량이 적어 더없이 유순해 보이긴 했지만, 그래도 강을 들여다보니 꺽지가 있던 곳에는 꺽지가, 다슬기가 있던 곳에는 다슬기가, 어름치가 있던 곳에는 어름치가 노닐고 있었다. 예나 지금이나 흘러가는 물길은 그대로인데 세상과 거기에 잠시 얹혀살다 사라지는 사람만 변하는 것 같다.

강의 윤슬은 오래 봐야 멋지고 재잘대는 여울 소리는 귀를 활짝 열어야 제대로 느낄 수가 있다. 여울의 노래도 얼핏 들으면 비슷하지만, 귀 기울여 들어보면 흐름새에 따라 수시로 화음이 달라진다. 그 미세한 울림의 변화는 강에 흠뻑 빠진 사람만이 느낄 수 있다.

때로는 거칠게 달려드는 엄둔천, 법흥천을 품어 안은 주천강의 된여울은 강바닥에 벌러덩 드러누운 너럭바위를 수만 년 동안 문지르고 다듬어 천연기념물인 요선암을 만들어 놓기도 했다. 그런 주천강은 평창강과 합류해 서강西江이 되어 달려가다 빙빙 돌아나가는 소沼에서 한숨 돌리며 굽이굽이 돌고 돌아 한강이라는 이름으로 서해에 안긴다.

강은 생명의 근원이자 생육의 터전이며 긴 소통의 장이다. 또한 수많은 지류와 자연에 안기고픈 사람을 품는 화합의 표상이기에 반드시 지켜야 할 보고寶庫다. 이는 배타적이거나 탓만 하고 노상 서두르는 인간이 본받아야 할 덕목이다.

적조한 겨울 강보다 숱한 생명에게 몸을 내주는 봄 강에 마음이 끌린다. 멈춘 듯 넓고 깊게 흐르는 강보다 재잘거리며 노래하는 여울이 더 좋다. 잠시 머뭇거려도 강은 흘러가야 한다. 그런 강으로 사계四季가 오고 간다. 사람마저 자연의 일부로 만드는 강의 유혹을 마음의 상처가 깊은 사람일수록 뿌리치기가 어렵다.

이토록 봄이 물든 주천강에 집착하는 이유는 성정 고운 내 어머니와 똑 닮았기 때문이다. 오직 아버지 없는 자식들 위해 모든 걸 내주고 평소의 원처럼 자리보전 없이 나목이 되어 떠나셨다. 외로움도 슬픔도 주천강에 흘려보내셨던 어머니의 유택은 고향은 아니지만 맑은 저수지를 내려다볼 수 있는 곳에 있다.

강의 본질은 나눔이며 포용이다. 예전에는 사람이 참 따뜻하다는 이야기를 많이 들었는데 갈수록 이기적이고 아집을 부리는 나를 발견한다. 아찔하다. 내 안에 고여 있던 강물이 마른 증거다. 그런 내가 묘하게도 잠시 흘러가는 강물에 마음을 내려놓는 자연과의 교감만으로 다시 세상을 살아 낼 힘과 평정을 얻기 때문이다. 고로 갈구한다. 강과 더불어 사는 내일을.

아내

자고 나면 하나씩 늘어난다. 축하의 꽃다발이다. 거실에 쌓인 것만 일곱 개다. 주는 사람은 축하의 의미인데 받은 사람은 내심 서운해 한다. 그런데도 주고받는다. 일찍 받은 게 먼저 시드는 것처럼 본인이 먼저 아플 테고 다음은 가족 몫이다.

전역을 앞둔 내가 그랬듯 아내도 마음속으로 날짜를 세며 금을 긋는다. 그것도 밥줄이 끊기는 날을. 출근은 이제 나흘 남았다. 단발머리 소녀로 은행 문을 들어선 지 어언 38년. 휘몰아치던 비바람이며 천둥번개가 없을 리 없다. 참으로 잘 견뎌 온 셈이다. 늘어난 4년의 정년도 조직의 힘 앞에는 무용지물이다. 야멸치게 흔들었다. 결국은 떨어져 나뒹군 셈이다.

예정일이 다가오자 점점 예민해진다. 대하기가 매우 조심스럽다. 무슨 이야기를 해도 예전 같지 않다. 온통 머릿속은 서운함만 가득한 것 같다. 부쩍 말수가 줄어든 아내를 보기가 민망하다. 내가 죄인이 된 기분이다. 집에서 살림만 했으면 이런 일은 겪지 않아도 됐다. 지금까지 벌어 놓은 것 쓰며 재미있게 살자고 했지만, 내일이 걱정스러운 아내는 좋은 걸 봐도, 맛있는 걸 먹어도 굳은 표정이다.

삼십여 년 전, 아내의 결혼설이 나돌자 유배 아닌 유배지로 발령을 냈었다. 그때만 해도 냉가슴 앓듯 말 한마디 못해 보고 떠나야 했다. 한 시간 반이 걸리는 곳으로 출근하려면 새벽부터 서둘러야 했고 금방 들어선 아이로 불러오는 배를 안고 5층 계단만 걸어 내려오면 곧장 뛰어야 했다.

가장 힘들었던 시기는 두 돌이 안 된 아이를 봐주시던 어머니가 갑자기 돌아가시고 나서였다. 아이를 맡길 곳이 없었다. 그때만 해도 유아원이나 아이를 봐주는 곳이 없었다. 생각다 못해 차로 5시간이 걸리는 처가로 보내기로 했다. 우는 아이를 떼어놓고 오는 기차 안에서 새까맣게 가슴을 태워야 했다. 한참 재롱떠는 자식을 떼어 놓는 부모의 마음은 경험자만이 알 수 있을 것이다. 떨어져 지낸 3년간의 그 시절을 떠올리면 지금도 가슴이 아리다.

세상 진리는 얻는 게 있으면 반드시 잃는 게 있는 법이다. 일찌감치 워크 맘이라는 호칭을 달며 얻은 것도 많지만, 잃은 것 또한 많다. 잃은 것 중 하나는 늘 나를 애잔하게 만든다. 다시 인생을 살라 하면 그런 우는 범하지 않을 것 같다.

오래전 승진이 발표되던 날, 이제 당신이 내 유니폼 안 다려줘도 된다며 좋아했던 아내다. 매주 월요일 아침이면 아이들 교복이며 아내의 유니폼을 다렸다. 주름진 옷을 입히는 건 구겨진 마음으로 세상 밖으로 보내는 것 같아 그냥 둘 수가 없었다.

모임이 많은 12월이 우리 부부의 상처를 덧나게 했다. 모른척 해도 좋으련만 다들 언제 그만두느냐고 묻는다. 수능을 본 학생에게 점수를 묻고, 취업준비생에게 출근시기를, 혼기가 지난 처녀

총각에게 언제 결혼하냐고 묻는 거나 진배없다. 지나친 관심은 당사자를 힘들게 만든다.

"12월말까지 다니면 그만인걸요."

나 역시 아내의 이 말이 듣기 싫다. 내가 이 정도니 아내는 어떨까. 퇴직하면 친정서 3개월 동안 있겠다고 입버릇처럼 말하더니 그 말도 쏙 들어갔다. 걱정할 노모가 염려스러우니 마음을 접었다. 친구하고 여행이나 다니라고 하지만, 듣기 좋은 말일뿐 알뜰한 아내가 여행을 떠날 리 없다.

일주일이 넘게 이어지는 송별식에 참석하느라 곤하게 잠든 아내의 모습을 물끄러미 바라본다. 얼굴에는 고단하게 살아온 내력이 그어져 있고 흰머리를 감추려 염색한 머리는 붉은색으로 퇴색돼 군데군데 비집고 올라와 있다. 여태 고생만 시킨 것 같아 가슴이 짠하다.

멋낼 줄도 모르던 아내의 처녀 시절, 통통했지만 건강했고 귀여웠다. 부른 배를 안고 씩씩하게 뛰어다니던 아내, 내가 아니었으면 더 편히 살 수도 있었을 텐데,라고 생각하니 측은했다. 잠든 아내의 손을 끌어다 잡아본다. 손은 따스한데 내 마음은 엄동설한이다.

'당신, 정말 고생 많았어. 퇴직하면 당신 하고 싶은 거 다해. 당신이 있어서 오늘의 우리가 있는 거야. 고마워. 사랑해.'

며칠 있다 할 말을 속으로 해보는데 울컥한다. 밖에서는 성실하고 좋은 사람으로 평가받으면서도 막상 가족들에게는 너그럽지도 따뜻하게 사랑을 베풀지도 못한 부끄러운 내 모습이었다. 이제야 잘해야겠다는 마음이 든다.

풀죽은 아내가 짐 싸서 집으로 돌아오는 날, 깜짝 이벤트를 할 예정이다. 맛있는 음식도 만들고, 내 마음이 오롯이 담긴 편지도 써야겠다. 가족이 웃을 수 있게 만드는 건 천방지축인 딸에게 맡길 참이다. 반평생 가까이 은행에서 근무하다 전업주부가 되는 아내를 달래줘야겠다.

표현이 서툴러 미리 연습했던 멘트를 날리며 힘껏 안아줄 생각이다.

당신이 그리울 겁니다

-일곡 이재부 선생님 전에

부음 소식을 접하는 순간 절대자를 인정할 수가 없었습니다. 아직 당신을 필요로 하는 사람이 많은데 부름이라니요. 보내면 안 되는 임을 보내야 하기에 억장이 무너졌습니다. 금방이라도 어디선가 활짝 웃으며 오실 것만 같아 자꾸만 두리번거렸습니다.

'늙어 가는 것은 몸도 마음도 굳어지는 병.'이라며 통증을 견디셨던 결과가 영원한 별리의 아픔이라니요.

"인생을 잘산 사람은 가장 가까운 사람들에게 인정받는 것이야." 라고 말씀하시던 당신은 가족에게 존경받는 남편이자 아버지였지요. 하나 남은 아들을 위한 선친의 간절한 비손으로 영육을 키웠던 당신은 세상에 둘도 없는 효자라 생존 시에는 물론이요, 사후 반세기가 지난 부모님 유택을 잡초 하나 없이 손질하는 극진한 효를 보여주셨습니다. 사회적으로는 자신을 태워 세상을 밝히는 양초와 같은 분이셨고, 분별하되 분별하지 말라는 부처님의 말씀을 당신의 곧은 성정으로 수행하셨습니다.

교직을 평생의 천직으로 여기며 사랑으로 학생들을 보살폈고 결손가정의 학생을 온정의 손길로 보듬어 주셨지요. 성장한 학생이 군대에 가면 전방까지 면회를 가셔서 팔베개해 재워주던 학생이 한두 명이 아니었습니다. 학생들과 나눈 5,000여 통의 편지가 당신의 사랑 크기를 가늠케 했습니다.

초등학교 교장으로 퇴임 직후에 시작한 문학의 길에서도 당신은 빛이 났습니다. 열정적으로 하나같이 깊은 사유와 통찰의 글을 창작하시는 분으로 정평이 나셨지요. 수필창작반의 13년 개근에 매주 숙제를 빼놓지 않고 하셨던 전무후무한 모범 수강생이셨습니다.

수필집 《백팔번뇌》, 《강으로 지는 노을》, 《부부백경》과 시집 《사랑빛 방황의 노래》, 《바람의 언어》 두 권을 출간하셨고, 사랑하는 제자들과 나눈 편지를 엮은 서간문집인 《사랑하는 사람아》를 상재하였으며, 미처 책으로 엮지 못한 2권에 해당하는 유작도 남기셨습니다.

저와의 인연은 수필교실에서였습니다. 작품을 통해, 다섯 살에 어머님을 여의신 당신과 첫돌 이후 아버지 없이 자란 저와는 편부, 편모 슬하에서 자란 동병상련의 연이었습니다. 평생을 가슴에 담고 견뎠던 서럽고 외롭던 아픔들을 하나씩 끄집어 낸 작품을 낭송할 때면 그 아픔을 서로 나누곤 했었지요,

"어머니 얼굴은 모르지만 보름달이 둥글게 뜨면 자애로운 어머니를 달 속에서 찾으며 사춘기를 보냈다. 어머니 없는 내 가슴은 항상 겨울이요, 냉방같이 썰렁했다. 아버지가 두 몫의 일을 하셔도 내 가슴은 채워지지 않았다."

라는 당신의 작품 《월벽》을 낭송할 때, 제 글 《섶다리》를 낭송할 때는 함께 울기도 했었지요. 그런 당신이 제겐 형님이요, 아버지

셨지요. 가게에서 일하다 혼자 끼니를 해결하는 아우가 마음에 걸려 입에 맞는 반찬이 있으면 싸들고 2시간이 넘는 먼 거리를 걸어 오셔서 그냥 운동 삼아 왔다고 말씀하셨지요. 그게 어디 한두 번이었던가요. 봄이 되면 살미면 설운리 선친의 유택을 손보러 가셨다 뜯어온 옻 순을 무쳐 오셨고, 두릅은 필요할 때 먹으라고 생으로 갖다 주셨지요. 여름이면 상추와 실파를 깨끗하게 씻어 비닐봉지에 꼭꼭 눌러 동여매고 쌈장까지 만들어 오셨습니다.

"난 말이여, 상추쌈에 실파를 얹어 먹으면 제일 맛있어."라며 저한테도 그리 먹길 권하셨던 당신은 집에서 담은 고추장이며 사촌동생이 짜다 준 들기름 한 병도 제몫이 되곤 했습니다. 늦가을 사모님이 담근 초고추도 한 통씩 주셨지요. 5남매나 되는 당신의 자식보다 더 많은 사랑을 받는 것 같아 죄송스럽기도 했습니다.

당신께서 떠나신 후에야 얼마나 잘살아 오셨는지 또렷하게 보였습니다. 한없이 온화하고 부드러운 당신이었지만 올곧게 앞서 걸으셨던 그 길은 아무나 따라갈 수 있는 길이 아니었습니다. 진정한 어른을 보기 힘들다는 이 시대에 본이 되는 어른으로서 지워지지 않는 큰 족적을 남기셨습니다.

십여 년 동안 당신으로부터 남다른 사랑을 받았으면서도 저는 아직 부끄럽게 누군가에게 따뜻한 마음과 사랑을 베풀어본 적이 없습니다. 마음으로는 당신을 닮고 싶어 흉내라도 내보고 싶었지만, 제 안의 그릇이 너무 작아서 담을 수가 없었습니다.

가정 형편이 어려웠던 제자 재성이를 초등학교 4학년 때 만나 군생활하는 전방으로 면회를 가고, 열 번이 넘는 여행을 같이 다닐 정도로 당신이 그렇게 애지중지하셨습니다. 그 아이가 서른 중반의 나이로 부모와 함께했고, 저 역시 당신의 마지막 모습을 하나도 놓치지 않고 가슴에 담아 왔습니다.

당신의 호인 일곡(햇골)에 유택을 둘러선 연분홍철쭉이 필 때는 물론이요, 불현듯 당신이 그리워지면 좋아하시던 술 한 잔 올리러 달려가겠습니다. '바쁜데 뭐 하러 왔어.' 그렇게 나무라진 마세요. 당신이 제게 그랬듯 마음 가는 대로 하겠습니다. 죽는 날까지 잊을 수 없을 겁니다. 일곡 이재부 형님, 존경하고 사랑합니다.

그날

무차별적인 연평도 포격으로 전국이 얼어붙는다. 머릿속에는 최악의 시나리오가 전개된다. 전면전이다. 두렵다. 포격 이후 아무것도 할 수 없었다. 2010년 11월 23일. 하필 그날이다. 그들은 내 급소에 비수를 꽂았다, 날짜가 바뀌기 15분 전에.

퇴직 후 조그만 가게를 운영했다. 내 건물이 아니라 불안했지만, 마음 놓고 쓰다 여유자금이 생기면 사라고 하던 젊은 주인이 고마웠다. 그 사람이 잠자리에 들 시간에 전화를 했다. 덜컥 가슴이 내려앉았다.

"사장님, 집안 사정으로 급히 상가를 팔아야 합니다. 지금 계약하러 청주에서 사람들이 왔어요. 그러니 좀 이해를 해주세요."

눈앞이 캄캄했다. 숨조차 쉴 수가 없었다.

"이건 아니지. 상가를 팔면 나한테 판다고 약속했잖아. 이렇게는 못해. 내가 살 거야."

그다음은 감정이 실린 거친 언어들이 밤하늘을 날아다녔다. 심장에 비수를 꽂아 놓고 이해해 달라니. 사정하고 항의도 해봤지만 달라지는 게 없었다. 상의가 아니라 팔겠다는 주인의 최후통첩이었다. 하긴 계약을 하러 한밤중에 충주로 달려갔으니 주인이 내 사정을 들어줄 리 만무했다. 매매는 그렇게 이뤄졌다.

맥 놓고 있다가 제대로 한 방 먹은 것이었다. 감정이 이성을 앞선다. 치미는 분노로 절제력을 잃었다. 내가 지켜낸 인내의 한계점이다. 교양과 지성은 허울이요, 사치였다. 구사할 수 있는 언어는 무용지물이고 이성을 밀쳐낸 거친 행동이 앞서려 한다.

당장에라도 달려가 따지고 싶었다.

달포 전, 선물을 사 들고 찾아간 나에게 가게를 팔면 절대로 다른 사람에게는 팔지 않을 것이니 안심하라던 사람이다. "사장님 몰래 팔면 정말 나쁜 사람이지요."라는 말도 했다. 아무리 물욕으로 눈이 어둡기로서니 6년간 1억 원의 임대료를 하루도 밀리지 않고 낸 사람을 이렇게 내치다니 너무 분했다. 아무 걱정하지 말라던 사람이라 더 가증스러웠다.

그날 이후 사람이 싫어졌다. 미웠다. 순식간에 밀어닥친 분노는 삭이고 절망은 다스려야 했다. 일단은 가게를 구해야 했고 단골이 많은 가게를 비워야 했다. 이전하려면 일 년 매출보다 더 큰 손해를 감수해야 한다. 나에게 치명타를 가하며 양쪽 부동산중개인이 챙길 몇 백만 원의 수수료로 나는 몇 십 배에 해당하는 피해를 보게 됐다. 한동안 잠을 이룰 수 없었다. 손실도 크지만, 철석같이 믿게 하고 배신한 마음의 상처는 스스로 치유하기가 벅찼다.

흐르는 세월은 약이 됐다. 연평도가 확실한 방어와 대응체계를 갖추듯 내 안에도 든든한 방어벽을 하나 만들었다. 그리곤 닫혔던 마음을 열었다. 그 사람들을 계속 미워할 수는 없었다. 미워하는 마음이 크면 클수록 오히려 내가 힘들었다. 우선 내가 살아야 했다.

“살아갈 날이 많은 젊은 사람이 그리 살면 안 되네.”라고 훈계를 한 것은 성난 감정의 파도가 가라앉고 어쩔 수 없이 가게 이전을 앞둔 날이었다. 그 상가에서 개업하려는 새 주인에게도 내가 먼저 손을 내밀었다.

속이려 들면 속아주었고, 때리려 하면 맞았고, 해를 끼치려 들면 당해 주면서 이재理財에 어둑하게 살아온 게 내가 사는 방식이었다. 그리 살다 보니 손해 보는 일에는 이골이 났다. 닥친 운명이 나를 힘들게 해도 원망하거나 체념하지도 맞서 싸우지도 않았다. 그저 순응하며 살 뿐이다. 그날 이후 내가 한 행동을 보며 많은 사람이 배알도 없다고 하지만, 막대한 손실을 끼쳤던 상가 새 주인에게 나는 단골손님으로 등록돼 있다.

“아주머니, 떡 좀 주문할게요. 주말에 아들이 장가갑니다.”

떡집 주인의 웃는 얼굴에 미안함과 고마움이 잔잔히 흐른다.

밥줄

더는 물러설 곳이 없다. 가족의 생존이 걸렸다. 죄짓지 않고 할 수 있는 마지막 선택이다. 수없이 많은 날을 뜬눈으로 밝히며 머리 맞대고 내린 부부의 결정이다. 그런데도 한 치 앞이 보이지 않는다.

절망의 늪에 빠져보지 않은 삶이 어디 있으랴. 좌절해 주저앉지만 포기할 수는 없다. 다들 잘사는 것 같지만, 가족에게 밥을 넘기게 하는 단순한 행위조차 쉽지 않은 사람도 있다. 끼니를 거를 수밖에 없는 절박함을 느낀 자만이 입으로 떠 넣는 밥의 고마움을 제대로 안다.

벌겋게 상기된 얼굴이 불쑥 가게로 들어섰다. 며칠 동안 우리 가게 근처에서 붕어빵을 굽던 삼십대 초반의 아이 엄마다. 금방이라도 울음보가 터질 것 같다. 그녀는 더듬거리며 말을 꺼냈다. 가게 주인이 당장 치우지 않으면 구청에 신고하겠다고 했단다. 그 말은 단순히 손수레를 치우라는 걸로 들리지는 않았을 것 같다. 생존을 위협하는 횡포였다. 얼마나 당황했을까. 그렇지 않아도 상가 주인들 눈치 보느라 정신없는 사람에게 그런 말을 했다니 심했다. 사실 인도는 매우 넓어서 보행이 불편하지도 않거니와 손수레가 그 가게를 가리지도 않았다.

장사 첫날, 그녀는 붕어빵 꼬리가 삐죽이 내민 봉지를 상가에 돌리며 연신 고개 숙이며 양해를 구했다. 첫인상은 둥근 얼굴에 커다란 눈이 순박해 보였다.

직장을 그만둔 남편이 자영업을 시작했지만, 예상과 달리 적자만 늘어났다. 엎친 데 덮친 격으로 교통사고를 당한 아이

아빠의 치료비와 후유증으로 가게를 정리해야 했다. 적은 투자비에서 빚을 갚고 손에 쥔 돈은 겨우 붕어빵 손수레를 장만할 정도였다. 어린아이 둘을 유아원에 맡기고 어렵게 시작한 붕어빵 손수레조차 매정하게 내치니 얼마나 막막했을까.

일단 급한 대로 우리 가게 앞으로 옮기라 했다. "고맙습니다."를 연발하던 그녀는 자리를 옮겨 팥소에 눈물을 섞어가며 붕어빵을 구웠다. 어떤 경우라도 멈출 수는 없었다. 잠잠했던 며칠이 지나자 압력은 더 거세졌다. 아예 그곳에서도 하지 말라며 단단히 쐐기를 박았단다. 부부는 마음에 심한 상처를 입었다. '왜 그랬을까?' 붕어빵을 구워 판다고 그 가게에 피해를 줄까. 참으로 모진 사람이다. 도저히 이해할 수가 없었다.

매섭게 눈보라가 치던 날 그녀는 내딛는 발자국마다 눈물을 꾹꾹 찍으며 시야를 벗어났다. 가슴이 아팠다.

이백여 미터를 옮겨간 곳에서 붕어빵과 호떡을 구웠지만, 점점 날씨가 더워지자 손님의 발길이 뚝 끊겼다. 부부의 가슴은 새까맣게 타들어 갔다. 기득권을 내세우던 사람보다 숙녀복을 파는 노점상 아주머니의 가슴이 훨씬 따뜻했다. 딱한 사정을 보다 못해 아동용 속옷과 성인용 잠옷을 팔아보라고 권했다. 진심 어린 그분의 권유를 받아들였다. 그것 또한 처음에는 어려움이 많았지만, 요일별로 장소를 옮겨 가면서 늘 웃으며 친절하게 손님을 대했더니 이제는 단골이 많아 자리가 잡혔다고 했다.

우리 가게 건너편에서 일주일에 두 번씩 노점을 펴는 건강한 그녀의 얼굴에는 여유가 넘친다. 유아원에 다니던 큰아이가 어느새 6학년이 되었다. 그 가족에게 7년이란 세월이 수월하게만 흘렀을까. 기후에 민감한 노점이지만 찾는 손님들에게 항시 넉넉한 마음으로 대했고 손수레를 치우라고 매몰차게 대했던 사람도 마음으로 끌어안은 아이 엄마는 필요한 물품은 그 가게서 사 간다고 했다. 경기가 어려워지면 노점이 늘어난다. 그만큼 살기가 어렵고 팍팍한 셈이다. 더 이상 견디기 어려울 때 최후로 선택하는 게 길거리 장사다. 수없이 고민하다 노점상이라는 이름으로 쭈뼛거리며 나서지만 자칫하면 내몰리기 십상이다. 자신의 상가 앞에 들어선 노점이 불편하다 여기는 사람도 그들이 있어 더 많은 행인이 찾아온다는 사실을 알면 배척의 대상이 아니라 공존의 동행으로 여기게 될 것이다.

언제라도 그들의 노점에 나타나면 보고 싶은 친정 오빠를 만난 듯 활짝 웃으며 달려오는 그녀다. 그런 옆에는 빙긋이 웃는 순해

터진 남편이 있다. 아주 오래전 알량한 인정을 베푼 대가치곤 과분하다. 그럴 때마다 잘 우려낸 연꽃차 한 모금을 목으로 넘긴 기분이다. 그윽한 연꽃 향이 온몸에 퍼지는 것 같다. 그 부부를 보면 어찌 살아야 하는지 명징해진다.

3부

재비 날다

예술의 목적은 자신의 내면세계를 감각적인 수단을 통해 타자의 감성적 지각 앞에 보여주는 행위다. 그렇기에 무엇을 해도 10년은 해야 겨우 눈이 뜨이고, 뜨인 눈으로 10년 이상 피나는 노력을 해야 어느 정도 인정받을 수 있다. 그러고 보니 수필을 쓰겠다고 뛰어들었지만, 좌절의 고통도 겪지 않은 데다 연주자가 가야금과 함께한 세월의 절반만 보냈으니 날기는커녕 뛰지 못하는 건 당연한데도 좋은 글을 못 쓴다며 안달복달이다.

까막눈

얼마나 답답할까, 보지 못한다는 건. 앞을 전혀 볼 수 없는 시각장애는 다른 장애보다 우선한다. 그에 못지않게 글을 읽지 못하는 것 또한 큰 고통이다. 사물을 볼 수 없고, 글을 보지만 읽지 못한다면 소통에 문제가 생길 수 있다.

티브이에서 한글을 배우는 시골 할머니들 이야기가 방영된다.

처음에는 크기도 제각각 삐뚤빼뚤하게 이어지던 글씨가 날짜가 지나자 어느 정도 모양을 갖춘다. 어르신들의 바람은 하나같이 자신의 이름을 쓰고 은행에서 남의 도움 없이 돈을 넣고 찾으며, 자식들이 보내는 휴대폰 문자를 읽고 싶어서란다. 그 모습을 바라보자니 내 어머니의 바람도 저랬을 거라는 생각에 가슴이 먹먹해진다.

어머니는 까막눈이었다. 글자라고는 한 자도 모르니 당신의 이름조차 쓰기는커녕 읽지도 못했다. 그런데도 신기하게 천자문은 달달 외우셨다. 애당초 글은 배운바 없는 분이 한 자도 틀리지 않고 외우는 모습은 경이로웠다. 혹시 중간에 빼먹거나 틀리는 게 있을 수 있다는 생각에 천자문을 펴놓고 확인해 봐도 정확했다. 어릴 때 큰외숙이 책을 펴놓고 읽던 천자문을 귀동냥으로 외우셨다고 했다.

환갑을 앞둔 어느 날, 어머니는 한글을 가르쳐 달라고 했다. 무슨 연유인지 몰라도 느닷없이 글을 배우고 싶다는 말씀을 귓전으로 흘렸다. 매일 열한 시간을 근무하는 데다 자전거로 먼 거리를 통근하다 보니 귀가해 씻고 나면 바로 곯아떨어졌다. 피곤하다는 구실로 어머니의 간절한 부탁을 외면했다. 연세는 드셨지만, 글을 몰라 얼마나 답답하고 불편한가를 미처 헤아리지 못했다. 처음이자 마지막으로 글을 가르쳐 달라 하셨는데 애지중지했던 자식은 거절한 셈이다.

마흔을 넘겨 낳은 늦둥이에다 아버지 없이 자라는 게 불쌍하다며 넘치는 사랑을 주셨다. 어머니는 뭐든 내 물건은 소중히 여기셨다. 버리려고 내놓은 옷가지며 물건들조차 깨끗하게 빨고 닦아서 보관하셨다.

입대하면서 삼 년치 월급이 고스란히 들어 있는 통장과 막도장을 어머니께 맡겼다. 막내아들을 끔찍히 여기시는 분이시니 맡긴 것을 싸고 또 싸서 당신만 아는 곳에 숨겨놓았다. 더구나 잘 두라는 아들의 부탁도 있었으니 오죽했으랴.

어머니께 맡겼던 것은 내 돈이 아니었을까. 후반기 교육을 마치고 자대 배치를 받은 나에게 얼굴에 수심이 가득한 누나가 면회를 왔다. 매형의 갑작스러운 신병으로 가족이 모두 굶어 죽게 생겼다며 돈을 빌려주면 쓰고 꼭 돌려줄 테니 걱정하지 말라고 했다. 학교에 다니는 고만고만한 생질 넷에 여든을 앞둔 안사돈까지 모시는 처지니 어려운 생활고는 뻔했다. 하지만 선뜻 대답할 수가 없었다. 공부를 하기 위해 정말 지독하다는 소리를 들어가며 모은 돈이다. 누나의 면회가 몇 번 이어졌다.

피는 진했다. 산 사람이라도 일단 살려야 했다. 어머니께 편지를 썼다.

"어머니, 제가 맡긴 통장과 도장을 누나에게 주세요. 조금만 쓰고 채워준다고 합니다. 아무 걱정하지 마시고 주세요."

편지야 형님이 읽어주셨을 테고 며칠 후 찾아간 누나에게 어머니는 통장과 도장을 내 주셨다.

제대 후 어머니는 보자기에 몇 번을 싸고 또 싼 물건을 내놓으셨다.

"니가 잘 보관하라던 것 여기 있다."

어머니는 통장을 건네받는 나를 흐뭇한 표정으로 바라보셨다.

통장에 예치된 액수는 당시에 허름한 집 한 채를 살 돈이었다. 돈에 한이 맺혔던 내가 이를 악물고 아껴가며 적립한 그 돈은 내 꿈을 실현하기 위한 성실한 안내자요, 든든한 후원자였다. 통장을 열어 본 순간 나는 온몸이 얼어붙었다. 설마 하고 눈을 의심하며 다시 봐도 숫자는 그대로다. 혹여 어머니가 눈치챌까봐 얼른 밖으로 나왔다. 아무리 참으려 해도 눈물이 그치질 않았다. 그렇게 간절히 쌓아올리던 꿈은 일순간 흔적도 없이 무너지고 말았다.

그동안 한글을 가르쳐 드리지 않은 게 늘 마음에 걸렸었는데, 통장의 숫자를 확인하고는 어머니께 글을 가르쳐 드리지 않은 게 정말 잘했다는 생각이 들었다. 만일 막내아들이 그토록 어렵게 벌어 놓은 큰돈이 빈 통장이라는 걸 읽으셨다면 분한 마음이 화병火病이 돼 눈도 감지 못하고 일찍 돌아가셨을 게 분명했다.

돈을 쓰고 채웠다고 한 자식의 눈속임도 까맣게 몰랐던 까막눈의 내 어머니. 그게 편안하게 눈감으신 이유라니 안타깝고도 슬프다.

제비 날다

예상은 철저히 빗나갔다. 그래서 더 신선하고 상큼했다. 절로 흥이 났다. 연주자의 손가락에 만석의 관객이 놀아난다. 어둑한 객석에서는 들썩이는 실루엣의 어깨춤이 가락을 탄다.

송정언 가야금 독주회의 타이틀은 〈인연因緣〉이다. 세상에 인연이 아닌 게 어디 있을까마는 "현을 다루듯 그대와의 인연을 소중히 여긴다."라는 따뜻한 팸플릿 문구가 마음에 와 닿는다.

조명이 꺼진 무대에서 스포트라이트를 받으며 관객들에게 첫선을 보인 그녀는 눈부시도록 아름다웠다. 불혹의 연주자는 가야금을 앞에 두고 흘러내린 하얀 드레스로 오른쪽 어깨를 약간 드러낸 채 다소곳이 앉아 있지만 넘치는 끼는 감출 수가 없다. 숨소리조차 죽인 채 촉각을 곤두세우고 바라볼 수밖에 없다.

쪽 찐 머리에 고운 한복을 입고 산조를 연주할 거라는 예상과 갓을 쓰고 도포 자락 휘날리며 〈춘향가〉 한 대목을 뽑을 거라던 것도 윤진철 명창의 일상복 차림으로 그간의 선입견은 여지없이 무너졌다.

퉁겨진 현이 내지르는 소리는 그녀의 손끝으로 만드는 마술이다. 추녀에서 떨어지는 굿거리장단의 낙숫물 소리로, 장대같이 쏟아지는 소나기의 자진모리장단으로, 빠르게 흐르는 된여울의 휘모리장단으로 몰아치다 명지바람에 간당거리는 풍경 소리로 들리기도 했다. 그녀의 연주는 인간이 듣고 싶어 하는 대자연의 소리를 고르고 골라 하는 재주였다.

만추의 11월 첫 주말 밤은 그렇게 넋이 나간 채 흘러갔다. 연주자의 손에 길들여진 표현의 폭이 넓어졌다는 개량 가야금의 스물다섯 가닥의 현이 〈바다의 노래〉를 연주하며 현란하게 춤을 출 때마다 파도가 된 관객은 덩달아 출렁거렸다.

그녀는 잠시도 관객들의 눈과 귀가 벗어날 수 없도록 현의 마력으로 칭칭 동여매었다가 풀고 다시 동여매기를 반복했다. 한 올 한 올 당기고 뜯는 선율에 살아오면서 쌓인 삶의 더께들이 하나씩 튕겨 나갔다.

금琴의 재비가 되기 위해 가야금이랑 결혼했다는 연주자가 악기를 끼고 살아온 세월이 25년이라 했다. 25현의 개량 가야금을 튕기고 뜯는 데 그 오랜 시간을 흘려보낸 셈이다. 한 해를 보내고 겨우 한 줄을 자유자재로 뜯을 수 있는 제비가 된 셈이다.

지금보다 훨씬 열악한 조건에서 엄격한 스승으로부터 가야금 연주를 사사하며 오직 가야금만을 사랑하며 외길을 걷는다는 게 어디 쉽기만 했을까. 수없이 찾아온 고통과 좌절로 더러는 팽개치고 주저앉았다 다시 끌어안았을 연주자를 보니 가슴이 짠하다.

이번 독주회에 산조는 없었다. 이해하기 난해한 전통을 고수하기보다는 관객들과 쉽게 공감하고 소통하는 음악을 선택했다. 가야금도 전통 12현보다는 25현으로 연주하며 젊은 관객의 마음을 파고들었다. 귀에 익숙한 〈백만 송이 장미〉, 〈베사메 무초〉를 연주할 때, 객석은 리듬에 맞춘 박수로 화답하며 연주자와 소통하며 흥을 돋웠다. 다채로운 현대음악을 선보이기 위해 재즈밴드와 함께 만들어내는 앙상블은 그 어떤 말로도 다 표현하지 못할 정도로 감동적이었다. 독주회 중간에 중견 수필가 이은희의 〈인연〉 낭송은 연주회 분위기와 잘 맞아 많은 관객의 박수를 받았다.

예술의 목적은 자신의 내면세계를 감각적인 수단을 통해 타자의 감성적 지각 앞에 보여주는 행위다. 그렇기에 무엇을 해도 10년은 해야 겨우 눈이 뜨이고, 뜨인 눈으로 10년 이상 피나는 노력을 해야 어느 정도 인정받을 수 있다. 그러고 보니 수필을 쓰겠다고 뛰어들었지만, 좌절의 고통도 겪지 않은 데다 연주자가 가야금과 함께한 세월의 절반만 보냈으니 날기는커녕 뛰지 못하는 건 당연한데도 좋은 글을 못 쓴다며 안달복달이다.

피날레로 연주한 〈재비琗〉의 의미는 가야금 연주자를 뜻하지만 25년간 가야금에 푹 빠진 그녀의 인생 전반을 노래한 거나 마찬가지다. 이 곡을 가야금만의 쌍 튀김과 화려한 휘모리장단을 선보였고 한 손의 트릴 기법으로 내는 청초한 음색과 가락의 멋과

울림은 온통 내 마음을 흔들었다.

우아하게 아름다운 선을 긋는 연주자의 팔이며 손동작은 눈을 유혹하기에 충분했다. 가야금과 연주자가 일체가 되는 것은 혼魂의 합일이다. '인연'이라는 타이틀 아래 가야금 연주자를 위해 그림자처럼 움직이는 사람들의 역할이 있기에 비로소 그녀가 현 위에서 날 수 있었다. 지그시 눈을 감고 무아의 경지에서 한바탕 제대로 노닐다 현란한 날갯짓으로 창공으로 날아오르는 금琴재비, 그 비상이 눈부시다.

고무래

생김새도 하는 일도 참으로 단순하다. 움푹 파인 땅을 평평하게 고르거나 흩어진 것을 끌어모을 줄만 안다. 삐죽하게 판자 앞으로 자루가 좀 더 내민다면 영락없이 십자가라고 우길 수도 있다. 옳고 그름을 따지지도 않지만, 남의 흠을 보려고도, 굳이 알려고도 하지 않는다. 혹여 드러나더라도 파헤

치고 들추기보다는 다독이고 덮는다.

얼마 전, 철없는 한 여성 연예인의 카카오톡이 적나라하게 공개되며 물의를 일으켰다. 모 회장과 사적으로 주고받은 내용이다. 비슷한 시기에 장래가 촉망되는 명문대 출신의 정치 지망생과 권부權府의 비서관이 술자리에서 나눈 대화도 문제가 생기자 서로 문자를 까발렸다.

언제부터인지 우리 사회에 신의가 사라지고 불신이 판을 친다. 어쩌다 이리됐을까. 술자리에서 가벼이 나누는 객쩍은 말조차 마음 편히 못 하는 세상이다. 믿거니 하는 사람끼리 나눈 대화도 이해利害에 따라 공개된다. 때로는 몰래 녹취된 육성이 만천하에 공개되는 기가 차는 일도 일어난다.

뉴스 보기가 두렵다. 귀를 막고 눈을 가리고 싶다. 보호되어야 할 사생활이 샅샅이 파헤쳐진다. 진위를 떠나 말초신경을 자극하는 활자와 언어가 난무한다. 지켜서 아름다운 신의가 그립다. 자신에게 조금 불리하더라도 끝까지 뚝심 있게 지켜주는 진정한 의리를 보고 싶다. 진실은 결국 밝혀지는 게 세상 이치다.

체격은 보통이지만 가슴이 아주 넓은 죽마고우가 있다. 9남매의 셋째지만, 맏이 노릇을 하는 듬직한 친구다. 중학교 시절, 추석을 보내고 한 아이의 손에 들려온 음식으로 배탈이 났다. 아프다 해도 일찍 집으로 보내는 게 학교로서는 최선이었던 시대였다. 고통스러워하는 나를 강을 두 번이나 건너고 숨을 헐떡여야 하는 재를 넘어 십릿길을 업고 갔다. 몸이 축 늘어진 사람이 얼마나 무거운가는 업어 본 사람만이 안다.

오래전, 열 명이 넘는 동창 부부가 펜션에서 하룻밤을 보낸 적이 있었다. 긴 세월이 흐른 뒤 알게 됐지만, 혼사를 이틀 앞둔 한 친구의 변고變故에 충격을 받은 우리는 그날 밤 과음을 했고, 잠자던 한 친구가 방에다 실례를 했다. 당사자는 젖은 옷을 모두 벗어 던지고 곯아떨어져 잤다. 이를 알아챈 나를 업고 갔던 친구는 자신의 옷을 입혔다. 바닥에 고인 건 수건으로 닦아내고 소변이 줄줄 흐르는 옷을 맨손으로 빨아 널어놓고 잤단다. 그런 사실을 다른 친구들은 전혀 몰랐다. 당사자 부부만 알았으니 얼마나 큰 배려인가.

내가 알았다면 과연 저렇게 할 수 있었을까. 자신이 없다. 마음이 약하다 보니 모른척할 입장은 아니고, 방을 닦고 옷을 빨아 널었다 하더라도 다음날 공치사하는 실수를 범했을 것 같다. 그랬다면 실례한 친구 내외는 상처를 입어 동창 부부모임에서 다시는 얼굴을 보기는 어려웠을 것이다.

여태 살면서 대부분 눈으로 확인된 것들만 믿으려 했다. 하지만 그리 믿었던 것에는 많은 오해가 따랐다. 철석같이 믿었던 사람에게 상처 입은 적도 있었고 첫인상은 호감이 가지 않았지만 오래 함께하다 보니 진국인 사람도 많았다. 사람을 알려면 많은 시간이 흘러야 하기에 쉽게 남을 판단할 일은 아니다. 인간의 진면목은 어려운 일이 닥쳤을 때 나타난다.

이순에 들어 나를 성찰해 보니 언제 끝날지 예견할 수 없는 여정에 곁을 떠나가는 상실이 저만치 줄을 선다. 좀처럼 쉽게 사라지지 않을 것 같은 수많은 연이 하나씩 소멸되고 빌려 쓴 육신마저 반납해야 끝나는 인생, 덕을 쌓고 희생하며 베풀지는 못해도 굳이 남을 해하는 구업口業과 행동으로 그 길을 재촉할 이유가 없다는 생각을 한다.

잘살아야겠다고 다짐하면서도 무시로 흔들리는 마음 따라 칭찬보다는 허물을 들추고 흉을 봤다. 세상사 말 때문에 오해와 갈등이 많은데도 타자의 흉허물을 입에 올렸었다. 혹여, 평생 가슴에 담고 산다는 모멸감을 준 적은 없는지 떠올려 보지만 내뱉은 자는 망각이라는 묘약으로 깨끗하게 비운 게 분명하다.

며칠째 봄비가 이어진다. 오늘따라 상대의 허물을 알아도 슬쩍 눈감아주고 언짢은 소문이 돌아도 그럴 만한 사정이 있었을 것이라며 넘기고, 생채기 난 마음의 상처도 감싸고 덮어주는 고무래 같은 진득한 친구가 그립다.

검룡소儉龍沼

생명의 근원인 물, 그곳에서 잉태의 길이 열리고, 그 길을 따라 인간은 생을 이어간다. 선조들은 솟아오르는 샘물을 생명줄로 여겼고, 삶의 터전도 배산임수背山臨水로 택했다. 오래전부터 생명줄이 보고 싶었다. 한강을 잉태하고 세상 밖으로 내놓은 검룡소가 어떤 모습인지. 얼마나 높은 곳이기에 그 많은 여울목과 소沼를 만들고 일천삼백 리 물길을 내며 김포 하구까지 이르는지.

염천의 계절이라 열기를 피해 고지대인 태백을 찾은 사람들이 관광지마다 북새통이다. 아무리 좋은 곳이라도 삼복더위에 줄을 서서 기다리는 건 많은 인내심이 필요하다. 우선 사람들도 피할 겸 산 능선에서 위용을 뽐내는 매봉산 풍력단지를 돌아보고 금대봉 검룡소를 찾아야 할 것 같아 계획을 조금 변경했다.

가는 길에 검룡소에서 흘러내리는 계류를 먼저 만났다. 두어 번 장마를 치르고 난 개천 바닥은 말갛게 닦인 조약돌을 일부러 깔아 놓은 것 같다. 그 위를 미끄러지듯 타고 흐르는 물은 물이 아니라 보석 같다. 절로 감탄사가 나온다. 차량이 더는 갈 수 없는 곳에서 한강의 발원지 '검룡소'라는 음각으로 새겨진 커다란 표지석이 반긴다. 왠지 모를 엄숙함이 맴돈다. 설렘과 약간의 긴장도 따른다. 존귀한 분을 찾아가는 기분이다. 함부로 몸가짐을 해서는 안 될 것 같다. 해서 이른 아침 숙소에서 샤워하고 옷도 정갈하게 갈아입은 터였다. 고향 앞을 흐르는 강의 발원지도 아니요, 한강 물을 마시며 살지도 않는데 이상하리만큼 경건한 마음이 든다. 거룩한 성지를 찾아가는 신도의 마음이 이럴까.

한적한 산기슭에 물소리가 우렁차다. 엄청난 물이 쏟아진다. 발원지가 목전에 있음을 실감한다. 폭은 좁지만, 그 깊이는 알 수 없을 만큼 깊다. 힘차게 솟구쳐 오르는 한강 발원지를 들여다보는 순간 온몸에 전율이 느껴진다. 아! 민족의 생명줄인 한강이 이렇게 시작해 흘러간다는 사실이 신비스럽다. 하루 2,000여 톤이 솟는 저 물이 우리의 산하와 대지를 적시는 젖줄이라니. 참으로 놀랍다.

검룡소에서 솟아난 물은 곧바로 작은 폭포를 이루며 길을 나선다. 하지만 어디 순탄하게만 흘러갈 수 있으랴. 산자락에 막히면 돌아가고, 돌다 보면 곳곳에 물돌이 마을을 만들고, 수없이 갈라졌다 합치기를 반복할 것이다. 크고 작은 수많은 계류를 끌어안을 때는 여울을 만들며 잰걸음으로 흐르다 넓고 깊은 강을 이룰 땐 마치 숨을 고르는 것처럼 멈춘 듯하다 다시 흘러 먼 길을 갈 것이다.

아무리 자연치유가 가능한 물이지만 흐르다 보면 인간에 의해 병들어 아픈 몸으로 흘러갈 때도 있을 것이다. 험난하고 유장悠長한 여정이 고단한 인생과 닮았다는 생각을 하니 가슴이 짠하다.

지구촌은 갈수록 심각해지는 이상 기온으로 물 기근과 오염이라는 이중고에 시달린다. 식수 부족과 오염된 물을 먹어 사망

하는 사람이 전쟁의 전사자보다 많다니 심각한 일이 아닐 수 없다. 물 부족 국가에 속한 우리나라, 마시는 물은 신경을 쓰면서도 상수원을 오염시키는 일에는 너나 할 것 없이 앞장서고 있다.

우수한 문화유산과 잘사는 나라를 후손에게 물려주는 것도 중요하지만 깨끗하고 잘 보존된 자연을 넘겨주는 것 역시 소중한 일이다.

쏴아, 쏴아 힘차게 쏟아지는 검룡소 물소리가 마치 세상을 향해 소리치는 경고로 들린다.

나무의 변變

어디서 웅크리고 있다가 뛰어나오는지 모르겠다. 수도자나 성직자도 다스리기 힘들다는 마음, 무시로 변하는 그 마음 따라 꼭두각시처럼 춤을 춘다. 불가佛家에서는 분별하지 말라지만 분별한다. 없어서는 안 될 것처럼 아끼다 물상은 그대로인데 어느새 쓸모없음으로 바뀐다.

도려진 나무

채색으로 바쁜 봄날의 산행길이다. 잎사귀를 막 틔운 나무 밑동을 돌아가며 벗겨 놨다. 두충나무들이다. 어떻게 저럴 수 있을까. 돈벌이로 심은 나무이지만 가격이 하락했다는 이유로 껍질을 벗겨 고사시키려나 보다. 오래 고통을 주느니 차라리 베었으면 좋으련만.

몇 해 전에도 그랬다. 갓을 쓴 큰 비석이 있는 종중 묘다. 묘 아래에 있던 두 그루의 아름드리 졸참나무 밑동을 빙 돌아가며 서너 뼘쯤 수피를 벗겨 놓았다. 새순이 돋는 계절인데 누가 저런 짓을 했을까. 묘를 손보고 밭일하던 사람들이 나무 아래서 흐르는 땀을 식혔을 텐데 왜 저래야 했을까. 종일 그 나무가 걸렸다. 그냥 베어 버리지. 아니 벨 수는 없다. 공원으로 지정된 산이다 보니 벌목은 못 하고 말려 죽인 뒤 베려는 꼼수 같다.

껍질이 벗겨진 졸참나무는 가지마다 연둣빛 이파리를 키웠다. 작열하는 태양 아래서도 사력을 다해 수액을 뽑아 올리는 것 같았다. 새로 돋아난 이파리들은 밑동의 고통을 모르는 듯했다. 결국 나무는 채 한 해를 넘기지 못하고 죽었다. 무덤에 잎을 떨어뜨린다는 이유로 백 년 넘게 이어온 목숨을 인간의 톱날 앞에 내놓은 셈이다.

뽑히는 나무

이상한 소문이 돌았다. 예감은 했지만 그리 빨리 닥칠 줄 몰랐다. 구조조정설이 나돌며 회사 분위기는 살벌했다. 해당 부서와 인원이 거론되자 직원들의 얼굴은 사색이 되었다. 하지만 우리 팀은 아닐 거라 단정했다.

내부 전화벨이 요란하게 울린다.

"잠시 내 방으로 오세요."

'올 게 왔구나,' 라고 직감은 했지만 내가 들은 건 사람의 목소리가 아니었다. 죽음을 앞둔 사람에게 길을 재촉하는 저승사자의 채근이었다.

"알았습니다."라며 전화를 끊었지만, 다리가 후들거렸다.

이십여 년을 열심히 일했다. 회사 설비를 개발하고 제작하느라 휴일이며, 밤잠을 반납한 채 일했었다. 비싼 수입 장비를 대체할 설비 제작으로 백억여 원의 수익을 안겨 주었다. 그런 공으로 승진도 했고 일 년 전만 해도 당신 부서가 회사를 이만큼 키웠다며 격려금도 줬다. 그게 불과 얼마 전인데 쓸모없음이 되어 없애겠단다. 순간, 나만 바라보는 직원들의 얼굴이 스친다.

며칠간은 아무것도 보이지 않고 들리지도 않았다. 잠을 잘 수도 음식을 목으로 넘길 수도 없었다. 선택의 여지가 없는 나에게 당근을 내민다. 새로 설립하는 회사를 맡길 데니 직원들을 데리고 가란다. 필요한 모든 지원을 아낌없이 해주겠노라는 약속은 계약서의 잉크가 채 마르기도 전에 내동댕이쳤다. 그것은 많은 인원의 밥줄을 한꺼번에 끊기 위한 고도의 전략이자 술수였다.

생명체가 천명을 다했다면 축복받아야 한다. 세상에 불필요한 생명은 없다. 다만 변화무쌍하고 들쭉날쭉한 인간의 이해타산 잣대로 가치가 매겨질 뿐이다. 왜곡 평가된 결과로 인해 강제로 생명을 마감한다면 얼마나 억울한 일인가.

나무처럼 직장에 매인 가장도 움직일 수가 없다. 바람에 의해 겨우 가지와 잎을 흔들 뿐. 어제의 꼭 필요했던 소중한 자원이 오늘에는 쓸모없음이 되어 도려지고 뽑힌다. 밥벌이를 위해 간 쓸개 빼놓고 일하던 가장을 한순간에 내치는 건 잎이 무성한 가정이라는 나무를 뿌리째 뽑는 거나 매한가지다. 해고나 권고사직은 직장인의 사형선고다. 그런 선고는 장고에 장고를 거듭한

직장이 어쩔 수 없이 취할 최후의 수단이어야 한다.

지금도 그때를 떠올리면 가슴이 시리다.

관계

따뜻한 햇살이 푹 퍼진 오후, 왁자한 엄마들의 수다에 밀려 유모차 대열이 지나간다. 한 대의 휠체어도 뒤따른다. 전혀 다른 풍경이다. 휠체어를 미는 할머니의 구부정한 등에서는 햇살이 시소를 타고, 펄렁이는 몸뻬 사이로 바람이 경주를 한다. 미는 할머니와 앉아있는 할머니를 번갈아 바라본다. 얼굴로만 연세를 가늠한다면 서로 바뀐 듯하다.

휠체어를 밀던 할머니는 세상을 고단하게 사신 듯 주름이 자글자글하다. 밀려 올라간 입술이 코를 떠받치는 걸 보면 틀니조차 없으신 것 같다. 그래도 웃음 띤 얼굴은 아주 평안하다. 외려 휠체어에 탄 할머니는 체구는 작지만, 챙 있는 고급스러운 검정 모자에 옷도 정갈하다. 조용히 앉아 있지만 쉽게 범접할 수 없는 모습이다. 자주 지나치다 보니 두 분의 관계를 알게 되었다. 비슷해 보이는데도 놀랍게 고부간이며, 칠순을 넘겼을 듯한 휠체어를 밀던 수더분한 할머니가 며느리란다.

할머니 시대라면 고부갈등은 익숙한 단어다. 미뤄보아 소싯적부터 친근하고 정감 있는 대화는 언감생심, 지적과 나무람만 있었을 것 같다. 시집살이가 고단했음을 가늠해본다. 혈연이 아닌 고부간, 어찌 보면 며느리 입장에서는 가장 불편한 관계일 수도 있지 않은가. 하지만 그런 일이 언제 있었느냐는 듯 할머니는 당신의 숙명적인 관계에 순종하는 듯 보인다. 평생을 같이했기에 미운 정도 들었을 테고 거동이 불편한 시어머니를 향한 측은지심일게다.

해가 갈수록 천륜조차도 등한시하고 가족관계도 예전 같지 않다며 많은 이들은 세상 탓을 한다. 점점 늘어나는 수명으로 노인들의 여생 걱정이 나만의 기우라면 얼마나 좋을까. 이순을 바라보고서야 나와의 인연이 모두 소중한 것들이라는 생각이 드니 인생길은 참으로 알아야 할 것도, 지켜야 할 것도 많은 어렵고 힘든 길이다.

관계적 동물이라는 인간. 따라서 가장 가까운 사람들과의 관계가 원만하고 친밀해야 행복을 느낄 수 있단다. 그럼에도 나는 그 가까운 관계를 소홀히 하다 가슴을 치기도 했다. 어머니께 그랬다. 늘 머리가 아프다며 뇌선 봉지를 들고 사셨지만, 병원에 모시고 갈 생각을 못 했다. 나이가 들면 으레 여기저기 아픈 줄 알았고, 맥없이 갑자기 넘어져도 기력이 없어 그런 줄 알았다. 그런 어머니는 뇌출혈로 쓰러지자마자 돌아가셨다. 얼마나 무관심하고 무지했던가. 지금 생각해도 죄스럽기만 하다.

인생이란 살면서 맺어진 인연을 관계로 이어가기 마련이다. 곧장 소멸되는 것도 있으며, 오래 이어지는 것도 있고, 좋은 인연도, 악연도 있을 것이다. 좋은 연과 악연의 차이는 무엇일까. 세상을 조금 알 만한 나이가 되어 돌아보니 연이 문제가 아니라 바라보는 시선에 문제가 있었다. 등 돌린 악연의 관계는 상대를 배려하지 않거나 이해하려는 노력이 부족했었다는 생각이 든다. 떠억 버티고 있는 자신은 그냥 놔두고 상대가 변하기만을 바랐기에 의견이 충돌하고 그로 인해 마음은 굳어져 갔을 것이다.

매번 봐도 시모를 휠체어에 태우고 항상 편안한 모습을 한다는 것은 미움도 원망도 모두 가슴으로 삭혔고 사랑으로 품었기에 가능했으리라. 형색으로 보면 당신 몸 추스르는 것도 녹록치 않아 보이는데 몸까지 불편한 시어머니를 봉양하는 건 정말 고단한 일이 아닐 수 없다. 노을을 가슴으로 안고 느릿느릿 굴러가는 휠체어를 한동안 바라본다. 인간 본연의 고운 풍경이다.

남 여사의 금고

고희를 앞둔 남 여사와의 인연은 7년 전이다. 군살 없는 아담한 체구에 얼굴은 고왔지만, 손마디는 굵고 거칠었다. 지난했던 그녀의 인생이 보였다. 하루 열두 시간 식당에서 일하기에 1년에 두 번은 건강식품을 찾았다. 그렇게 하지 않으면 견뎌낼 수가 없다고 했다.

주색잡기에 능한 남편과 더는 살 수 없어 서른 중반에 자식을 데리고 갈라섰단다. 그렇게 삼십여 년 동안 닥치는 대로 일을 하며 두 아들을 가르치고 짝까지 맺어주다 보니 노후 준비는 언감생심이었다.

젊음과 건강을 희생하며 번 돈도 남은 게 없단다. 심성이 고운 그녀는 몇 해 전에도 사정하며 매달리는 지인에게 제법 많은 돈을 빌려줬다가 떼였고, 그 후에 얼마간 모은 돈은 사업자금에 보탠다며 가져간 아들은 여태 감감소식이란다.

몸이 예전 같지 않은 그녀는 다급했다. 자식들이 외면할 노후를 위해서라도 다시 돈을 뺏겨서는 안 되었다. 숨기는 것도 한계가 있고 어디에 맡길까 고심하다 내 얼굴이 떠올랐다고 한다. 오랫동안 가게를 드나들다 보니 이 사람은 진짜 믿어도 될 것 같다고 했다.

"사장님, 통장 계좌번호 좀 적어주세요."

"계좌번호는 뭐하시게요?"

영문을 몰라 어리둥절해 하자 그녀는 말을 이어갔다.

"사장님 통장으로 월급을 보내라 하게요. 내 이름으로 만든 통장이나 돈을 집에 두면 아들한테 다 뺏겨요. 아무리 감춰도

귀신같이 찾아내요.”

귀를 의심했다. 잘못 들은 게 아닌가 싶었다. 급여 이체를 내 통장에 한다는 것도, 불혹의 형제가 돈을 뺏어 간다는 것도 처음에는 믿기지 않았다. 설득하느라 풀어놓은 속내를 모두 듣고 나니 그녀가 안쓰러웠다. 봉양은 고사하고 노모를 힘들게 하는 자식이 미웠다.

이런 부탁도 쉽게 한 것은 아니었다. 몇 날 며칠을 따져보고 고민하다 내린 결론인 듯싶었다. 한동안 침묵이 흘렀다. 아무리 그래도 선뜻 그리하겠다는 대답은 할 수가 없다. 머릿속이 복잡했다. 세상에 일어나는 갈등 대부분이 돈과 관련이 있다. 금이 갈 줄 모르던 좋은 관계도 돈으로 멀어지는 걸 수없이 봐왔다. 당신도 피붙이가 못 미더워 내게 맡기려는 게 아닌가.

“남 여사님, 저를 믿는 건 정말 고맙지만, 돈 때문에 관계가 나빠질 수 있으니 맡을 수 없습니다. 제가 사업이 안 되면 그 돈을 쓸 수도 있고 사정에 따라 떼일 수도 있어요.”

그녀는 웃으며 말을 이어간다.

“사장님은 절대 그럴 사람이 아니라는 걸 알지요.”

“아니라니까요, 사람 속은 정말 몰라요.”

오가는 실랑이 속에 거절의 목소리는 점차 누그러들고 남 여사의 목소리는 부드러웠으나 구사하는 언어는 갈수록 완곡했다.

모처럼 그녀가 쉬는 날, 모서리가 닳은 허름한 종이 가방을 들고 가게로 들어섰다. 뭐냐고 묻자 돈이란다. 들여다보니 돈다발이 가득했다. 액수도 2천만 원이 넘었다. 황당했다.

"아니, 위험하게 이렇게 많은 돈을 들고 다니면 어떡해요?"

"괜찮아요. 누가 이런 가방을 보고 돈이라고 생각해요. 이 돈이랑 통장에 들어온 다섯 달치를 합쳐 예금해 주세요."

그녀는 큰돈을 들고 왔지만 두려움은 없었고 담담했다. 가져온 돈은 비닐로 싸고 또 싸서 화단에 묻어놨던 거라 눅눅했다. 매달 급여로 받아 모은 돈이다. 원룸은 전세, 아침은 거르고 점심 저녁은 일하는 곳에서 먹고 소소하게 드는 돈은 노령연금으로 해결한단다. 만약 돈이 필요하면 말한다고 했지만 아직은 그런 적은 없다.

인간관계에서 믿음의 본질은 해를 끼치지 않을 사람으로 인정하는 것이 아닌가 싶다. 홀로 살아갈 수 없는 관계적 동물인 인간이 사람을 못 믿는 것처럼 불행한 건 없다. '요즘 세상이 어떤데 누굴 믿어.' 하면서 냉소를 지을 일은 아니다. 고정관념

이나 편견은 버리고 '때문에'라고 탓하지도 말고 설령 믿었다 손해를 봤더라도 일단은 믿어 볼 일이다.

예금이 3천만 원, 매달 25일이면 월급이 꼬박꼬박 입금되는 남 여사의 전 재산을 관리하는 금고는 금융기관에서 인증도 보증도 하지 않는 내 통장이다.

"그런 돈 맡아주다 곤란해지면 어쩔 건데요."라는 아내의 말을 귓전으로 흘린 지 이미 오래다. 누군가 믿어주고 그에게 쓸모가 있다면 그것만으로 충분하다.

딩동, "○○○ 님이 변종호 님의 ○○은행계좌로 180만 원을 입금하셨습니다."

4부

데릴라의 뿌리내리기

낯선 이국의 환경과 문화에 적응하기도 만만찮은데 길거리장사를 한다는 게 얼마나 어려운 일인가. 점포를 운영해도 쉽지 않은데 휑한 인도에서 야채를 파는 노점상이라니. 상품도, 파는 사람도 관심을 끌지 못한다. 사람들은 무심히 그 앞을 지나칠 뿐이다. 이제 곧 추위도 닥쳐오는데 움츠려든 그녀의 축 처진 어깨를 보면 안쓰러웠다. 뭐라도 해주고 싶은데 딱히 해줄 게 없다. 자주 지나치며 조금씩 팔아주다 보니 내 얼굴을 알아봤다. 마주치면 하얀 이를 드러내고 웃는다. 참으로 선한 모습이다.

체 滯

저녁나절, 건물 통로에 기댄 그녀가 얼굴을 내민다. 이마는 십자로 찢어졌고 목은 대각선으로 손가락 길이만큼의 상처가 있다. 심상치 않다. 누가 그랬냐 물어볼 필요는 없다. 자주 봐왔기 때문이다. 그녀뿐 아니라 큰아들도 지적장애아라 특수학교에 다니는데 그 버스가 우리 가게 앞에 정차한다.

"큰아이 기다려요?"

"아~아… 아니요. 그냥 나나나왔어요,"

평소보다 심하게 더듬는 말이 끝나기 무섭게 건물 뒤편으로 사라진다. 그 모습을 본 옆 가게 주인 말은 사흘 전부터 이곳을 맴도는데 신고를 해야 할 것 같다고 했다. 가슴이 아렸다.

상처는 가족의 폭행 흔적이다. 도로 건너에는 그녀의 아파트가 있다. 집으로 들어가고 싶은데 폭행이 두려워 못 가는 것 같다. 며칠간 불이 켜지고 커지는 집을 얼마나 바라봤을까. 그녀를 찾았지만 보이질 않는다.

"아저씨, 뭐하세요."

돌아보니 어제 도망치듯 사라졌던 그녀가 가게 뒷문으로 들어선다. 형색이 더 꾀죄죄했다.

"집에 안 들어갔어요."

답을 하려고 입을 벌렸으나 말소리가 한참 뒤에야 따라온다.

"지~지…집은 싫어요."

"그럼 어디서 잤어요?"

"가게 문 닫으면 거~거·· 건물 통로에서 잤어요."

9월 하순이라 입고 나온 얇은 옷만으로 한기를 이겨내며 잠들기는 어려웠을 것 같다.

“밥은 먹었어요?”

“아니요.”

급하게 집을 뛰쳐나오느라 지갑도 휴대폰도 없이 나흘을 보냈으니 끼니는 거르고, 상가들이 문을 닫으면 통로에서 한뎃잠을 잤다니 얼마나 춥고 시장했을까. 식당으로 데려가 그녀가 원하는 소머리곰탕을 시켜주고 다 먹으면 가게로 오라 했더니 채 10분도 안 돼 왔다.

언제 집을 나왔고 누가 때렸는지 물어봤다. 그래도 집으로 들어가야 하지 않겠냐고 묻자 강하게 도리질한다.

장애는 있지만 서른다섯의 젊은 여성이 한뎃잠을 자다간 큰 봉변을 당할지 모른다는 생각이 들자 그냥 둘 수가 없다. 경찰에 신고하자고 했더니 싫다고 했다. 순간, 가정폭력이나 성폭행을 당한 여성을 보호해주는 ‘여성의 집’이 떠올라 전화를 했다. 상황을 설명하자 직접 상담하겠다며 방문 의사를 밝힌다. 찾아온 직원들은 신분을 밝히고 그녀와 면담을 했다. 지적장애 3급이면 자신의 의사 표현은 명확히 할 수 있다며 능숙하게 감정적으로 판단했지만, 변심 가능한 사항은 반복하여 확인했다.

"아이들 안 봐도 괜찮아요. 집에 안 가고 싶어요?"

"아~아니요. 애들도 시~시… 싫어요. 남편하고 시어머니가 너 같은 건 시설에나 가~가라고 했어요."

그녀의 대답은 단호했다. 한 시간 정도 면담을 한 뒤 직원을 따라나서는 그녀는 긴장하던 처음과 달리 편안했다. 키친타월에 돌돌 말아 싼 따끈한 군고구마 하나를 주머니에 넣어 주었다.

직원의 말이 이어진다.

"입소하면 상처 난 온몸의 사진을 찍고 귀가할지, 쉼터로 갈지, 나흘간 본인이 결정할 최종 시간을 줍니다. 다만 쉼터로 가면 그녀를 보호하는 차원에서 철저히 비공개로 합니다."

며칠이 지나자 그녀는 잘 있으며 곧 쉼터로 갈 거라는 전화를 받았다. 어디에 있든 존중받으며 행복하게 지냈으면 좋겠다는 생각뿐이다. 그런데도 체한 것처럼 명치가 묵직하고 답답했다. 그녀를 보호하겠다는 명목으로 서둘러 신고한 것이 과연 옳은 건가, 자꾸만 신경을 쓰다 보니 소화도 안 되고 무엇을 해도 마음이 편하질 않다. 대체 아이들은 무슨 죄인가. 어른들 때문에 엄마를 잃은 아이들 생각에 좌불안석이다.

그녀가 살던 아파트 관리사무소에서 안내방송을 했다고 단골이 귀띔한다.

"사람을 찾습니다. 35세의 지적장애를 가진 여성입니다. 미색 파카에 검은 바지를 입은 이 사람을 보시면 관리사무소로 연락 바랍니다. 이 여성은 경찰에 실종 신고를 한 상태입니다."

방송은 그녀가 집을 나선 지 9일째 되는 날이다. 정말 찾고는 싶은 걸까?

인간은 누구나 행복해질 권리가 있고, 자유는 보장되어야 하며 가족이라는 명분으로 폭언과 폭행을 일삼는 건 범죄다. 왜 그랬을까. 여덟 살의 나이 차이와 장애가 있는 줄 알고 결혼했는데 배우자와 시모라는 이유로 그리해도 되는가.

그녀가 궁금했다.

"전에 ○○○ 씨 때문에 전화했던 사람인데요, 그분의 근황을 알고 싶습니다."

밝은 직원의 목소리가 들려왔다.

"아, ○○○ 씨요, 걱정하지 마세요. 지금 잘 적응해 아주 즐겁게 지내고 있습니다."

그래도 날이 갈수록 걱정이다. 시간이 흐를수록 아이들도, 그녀도 서로 보고 싶어 할 것 같아서다. 그녀가 정말 잘 있기나

한지 한번 확인하고 싶지만, 규정상 안 된다는 직원의 말 또한 명치에 걸린다.

두어 달의 세월이 더 흘렀다. 전화벨이 요란하다.

"안녕하세요? 여기는 여성장애인 ○○센터입니다. 궁금해하실 것 같아 전화 드렸습니다. ○○○ 씨는 시어머니와 남편이 찾아와 용서를 빌고 재발 방지 각서를 쓴 다음 본인의 동의하에 가정으로 돌아갔습니다."

"아, 그래요. 정말 잘 됐네요. 감사합니다."

묵직하게 명치에 매달렸던 체 하나 뚝 떨어진다. 이제 살겠다.

행락원杏樂園

무너지니 절실했다. 상상도 못 한 일이 쓰나미로 닥쳤다. 툭 던지는 격려가 외려 상처를 헤집었고 끝까지 놓지 말라는 희망은 사치였다. 다 뺏기고 얻은 건 '신용불량'이라는 낙인뿐이다. 뭐하나 움켜쥘 기력도 없다. '아이들만 없다면'이라는 가정은 정리하고픈 세상으로 머릿속을 채워갔다.

화실과 살림집을 겸한 2층 건물을 지어 원생을 지도할 때는 자다가도 웃을 정도로 행복했다. 아이들도 잘 자랐고 듬직한 남편은 원생을 실어 나르며 건물을 관리했다. 작고 야무진 그녀는 실력도 있는데다 열정적으로 지도한 덕에 원생이 많았다. 모든 게 시댁 덕이라 생각하니 늘 고마웠다.

감당하기 힘든 큰 고통은 피붙이가 준다고 했던가. 자신의 땅에 건물을 지으라고 해 지었고, 땅이 좋다 해서 무리하며 샀다. 건물을 짓고 땅을 사느라 모아놓은 돈에 빚까지 얻어 장만했다.

운명처럼 그녀에게 재앙이 닥쳤다. 속수무책이다. 잠시 건물과 땅으로 약간의 대출을 받겠다고 했다. 미심쩍었지만 시숙이라 끝내 거부하지 못한 게 화근이었다. 대출을 받고 갚지 못하자 압류통보가 날아왔다. 금액은 부부가 갚을 수 있는 한도가 아니었다. 보이지도 들리지도 않았다. 순식간에 피땀 흘려 지은 건물과 사놓은 땅이 날아갔다.

악재는 연이어 온다는 말이 맞았다. 모든 걸 뺏긴 혹독한 스트레스를 견딜 사람이 있겠는가. 그녀에게 내려진 위암 판정은 청천벽력이었다. 죽음이 눈앞에 어른거렸지만 살아야 했다. 극한 통증으로 초주검이 되는 항암제를 맞고도 몸 누일 공간을 찾아야 했다.

절박했기에 조건을 따질 수 없었다. 손바닥만 한 땅이 필요했다. 돈이 없으니 조립 주택을 염두에 두었다. 시골의 폐가를 소개받았다. 집 뒤에는 밑둥치에 구멍이 뚫리고 멋대로 자란 가지가 집을 덮은 은행나무가 있었다. 무성한 잡초로 마당은 발 디딜 틈도 없었다. 음산했다. 최악이지만 고민할 겨를도 없이 선택했다.

자재를 운반할 차도 드나들 수 없는 막다른 골목에 집을 짓자니 몇 곱절은 힘들었다. 운명을 탓할 시간조차 없었다. 생각하면 할수록 분하고 힘들어 몇 번이나 주저앉기도 했다.

공사는 절반인데 살던 집에서 짐을 빼야 했다. 공터에 친 텐트에서 기거했고 쌓아놓은 살림은 비닐로 덮었다. 그런 상태로 장마를 맞으니 세간은 비에 젖고 부부의 마음도 흠뻑 젖었다.

오래전, 연탄보일러를 갈고 여기저기 손을 봐야 하는 아파트를 판 적이 있었다. 사정이 급한 사람이라 한 달 후 비우기로 했는데 집을 못 구해 애태우다 겨우 지인의 집을 샀다. 이사 날짜가 지나고 두 달이 넘게 집을 비우지 않는 몽니를 부려 대가족인 형님 댁에 얹혀살았다. 집을 사 놓고도 힘들었는데 몸도 성치

앉았던 그녀는 오죽 힘들었을까.

운명을 거스를 수는 없지만, 견뎌 낼 수는 있었다. 야트막한 산자락 아래 자리한 행낙원은 지천명에 들어선 동갑내기 부부의 피와 땀, 눈물의 역사다. 잘 견뎠고 가꿨다.

사철나무로 된 울타리는 있으나 대문은 없다. 집안으로 들어서는 마당은 디딤돌을 묻고 잔디를 심었으며 몇 그루의 종려나무가 이국의 정취를 풍긴다. 잘 다듬은 잔디, 빨간 지붕에 분홍색 벽, 바위로 쌓은 축대 틈에는 영산홍과 차나무를 심어 조화를 이뤘다.

행낙원의 백미는 화사한 봄꽃들이 집과 잘 어우러질 때와 보호수로 지정되며 잘 다듬어진 은행나무가 노랗게 물들어 배경이 되고 떨어진 은행잎이 행낙원을 뒤덮은 시기다. 잘 그려진 한 폭의 그림이다. 바라만 봐도 포근하고 따뜻하다.

아랫집과 경계인 담장 앞 사육장에는 관상용 조류인 금계, 은계, 실크 오골계가 노닐고 네눈박이와 백구는 든든한 지킴이다. 굵은 쇠사슬로 묶여 있지만, 언제라도 끊고 뛰어나올 기세다.

집 왼쪽에 자리한 대밭 앞에는 컨테이너로 만든 작업장이 있다. 그림도 그리고 휴식도 취하는 그녀만의 공간이지만, 친구들이 찾는 날은 밤새 술잔을 나누며 웃고 즐기는 수다 방으로 변신한다. 그날 밤은 뒤편 대나무도 밤을 꼴딱 새워야 한다.

어설펐던 보금자리가 9년 가까이 다듬고 가꿔 그들만의 낙원을 만든 것이다. 그녀를 힘들게 했던 암도 완치 판정을 받았다. 지금은 늘려가는 재미가 쏠쏠하다. 조금씩 모은 돈으로 땅을 사서 사육장을 짓고 염소도 키운다. 입시학원 운영에, 그림도 그리고 거문고 연주와 창을 하는 바쁜 와중에도 틈만 나면 부부가 사육장을 찾는다.

그녀의 집은 인생의 가장 밑바닥에서 땀과 눈물로 만든 낙원이다. 집에 들어서면 벽에 걸린 '杏樂園행락원'이라는 나무 현판을 보면 가슴이 먹먹해진다. 낙원이 되기까지의 사정을 잘 알기에. 그녀의 밝은 얼굴과 잦은 웃음이 행복의 수치를 일러준다. "큰 형부, 이제 행복하게 잘 지내요. 행복을 구할 땐 힘들었는데 지금은 안에서 찾는 걸요."

활짝 웃으면 말하는 막내 처제를 보니 고맙고도 미안하다. 내 욕심 채우겠다고 좀 더 도와주지 못한 게 후회로 남는다.

그래, 은행나무가 있는 杏樂園행락원이 곧 현세의 낙원이요, 극락인 것을.

데릴라의 뿌리내리기

몇 해 전, 거리에 낯선 여인이 자리를 잡았다. 군데군데 구멍 난 돗자리에 애호박이며, 푸성귀를 펴놓고 있다. 쪼그려 앉은 그녀가 지나치는 사람을 바라보며 눈만 껌뻑인다. 굵고 푸석한 머리카락, 까무잡잡한 얼굴에 쌍꺼풀진 눈, 위로 살짝 올려진 들창코에 처진 입매는 누구라도 단박에 다문화가족

임을 알아챘다. 그녀는 수없이 자문했을 성싶다. '나는 왜 여기에 있는가. 이 일을 꼭해야만 하나?'

낯선 이국의 환경과 문화에 적응하기도 만만찮은데 길거리 장사를 한다는 게 얼마나 어려운 일인가. 점포를 운영해도 쉽지 않은데 휑한 인도에서 야채를 파는 노점상이라니. 상품도, 파는 사람도 관심을 끌지 못한다. 사람들은 무심히 그 앞을 지나칠 뿐이다. 이제 곧 추위도 닥쳐오는데 움츠려든 그녀의 축 처진 어깨를 보면 안쓰러웠다. 뭐라도 해주고 싶은데 딱히 해줄 게 없다. 자주 지나치며 조금씩 팔아주다 보니 내 얼굴을 알아봤다. 마주치면 하얀 이를 드러내고 웃는다. 참으로 선한 모습이다.

문득 밭고랑에 엎드려 풀을 뽑고 손수레를 끌며 품팔이하던 오래전의 누님이 떠올랐다. 몸에 달라붙은 땀이 밴 옷, 까맣게 그을린 얼굴에는 늘 땀방울을 조롱조롱 달고 있었다. 일곱 식구를 챙겨야 하는 치열한 생존이었다. 그런 딱한 누님을 닮은 그녀라 더 마음이 쓰였다.

그녀의 집은 도심에서 20여 킬로나 떨어져 있다. 하우스 안에 작은 방을 들여놓고 살면서 채소 농사를 짓는다. 이런 환경이다 보니 일은 고단하고 생활은 불편했다. 부부가 열심히 땀 흘려

일해도 정작 손에 쥐는 돈이 없다. 농사가 잘못되면 눈물을 삼켜야 했고, 풍작이면 농가에서 농작물을 한꺼번에 출하해 헐값이 된다. 생각다 못한 부부가 머리를 마주하고 내놓은 해법은 아파트 단지가 밀집돼 있는 곳에서 노점을 하기로 한 것이다.

다행이도 장사는 잘되었다. 이천 원짜리 바구니들이 채소를 담기가 무섭게 비워진다. 볼품없는 꼬부라진 오이가 더 잘 팔린다. 이렇게 되기까지는 몇 해가 흘렀다. 지금은 한국말도 잘하는데다 단골이 있어 판매는 문제가 없다. 데릴라의 노점을 찾는 이유는 간단하다. 좋은 물건을 싸게 사려는 소비자의 심리에 딱 들어맞은 것이다. 그녀는 유기농으로 직접 재배한 싱싱한 채소를 싸게 팔기 때문이다.

데릴라는 정이 많은 여인이다. 은연중 편견으로 경시했던 내 마음을 들킨 것 같아 부끄러웠다. 피부색이 조금 다른 게 뭐가 문제이던가. 언어소통과 문화의 차이도 마음만 연다면 쉽게 극복할 수 있지 않은가.

대부분의 다문화가정이 그렇듯 맺어진 인연도 가지가지다. 그녀는 속내를 드러내진 않지만 역시 아픔이 많았다. 사십이 다 된 나이에 결혼한 그녀는 만혼이라 기대는 안 했지만 십여 년이 지나도록 아이가 생기지 않았다. 나이 든 아들의 짝만 찾으면 편히 눈을 감을 수 있겠다던 시어머니는 자주 손주 타령을 하며 짜증을 내셨다. 그런 심정을 이해하면서도 서운했다. 다문화가정이라 더 그랬을 것 같다. 남편도 아이들이 텔레비전에 나오면 좋아라 했고 길거리에서 어린 학생들을 만나면 귀여워했다.

아이 문제를 고심하던 부부는 입양하기로 했다. 국내 입양을 고집하던 남편도 데릴라의 주장을 받아들여 필리핀에서 궁핍하게 사는 아내의 조카를 데려다 키우기로 했다. 작년 8월에 부부는 합의대로 네 살 된 여자아이를 데려왔다. 한국에 온 지 일 년도 안 된 귀여운 딸아이가 자신보다 한국말을 더 잘한다며 자랑을 한다. 입이 귀에 걸린다.

맏며느리인 데릴라는 건강하고 농사일도, 가정일도 잘한다. 고운 심성에 생활력도 강하다. 그러니 남편의 사랑을 받았고 그녀에 반한 시댁 식구들은 아랫동서도 필리핀 처녀를 택할 정도였다.

이제 그녀는 달 밝은 밤이면 고향 하늘을 멍하니 바라보지 않아도 될 것 같다. 비록 길거리지만 싱싱한 채소를 사려고 늘어선 손님들, 절대적 지지와 후원자인 시어머님과 남편, 시동생과 동서,

사랑스러운 딸이 있어 행복하단다.

깊게 뿌리내린 나무를 옮겨 심으면 호되게 몸살을 한다. 수세가 좋은 나무일수록 활착하려면 그만한 대가를 치러야 한다. 활착이 어디 나무뿐이겠는가. 자신이 태어나고 자란 환경을 벗어나 새로운 환경에 적응하려면 눈물겨운 아픔을 감내해야 한다. 그녀는 잘 이겨냈다. 조금만 더 돈을 모으면 자신의 밭에다 작지만 예쁜 집을 지어 세 식구가 오순도순 살고 싶단다.

농촌에는 서너 집 건너 한 사람 꼴로 외국인 며느리들이 늙은 시부모님을 모시고 산다. 다문화가정이 무려 27만이란다. 고령화 시대를 맞아 이들은 우리가 못하는 자식의 도리를 대신하고 있다. 어찌 보면 낯 뜨거운 일이다. 내 집에서 자식들 얼굴 보며 오순도순 살다가는 게 노인들의 한결같은 소원이라는 기사가 일간지에 연일 실리고 있다. 이들이 든든한 보호자 역할을 하고 있다.

한국이라는 토양에 어렵사리 뿌리내리려는 그들을 우리는 편견 없이 감사한 마음으로 보듬어 안아야 할 것 같다. 더불어 사는 한국의 미래를 위해.

내가 나서는 이유

더 이상 미룰 수가 없었다. 아무래도 내가 해야 할 것 같았다. 지푸라기를 잡는 심정으로 여기저기 수소문했지만 그리 녹록지 않았다. 왜 아니 그렇겠는가. 한국전쟁 중이거나 겨우 포성이 멎은 뒤 태어난 사람들이다. 다들 어렵다 보니 입 하나라도 줄이려고 중학교에 진학하는 아이들 외에는 졸업하자

마자 전국으로 흩어졌다. 그렇게 흘러간 세월이 반세기가 가까우니 연락처를 알아내는 게 어려운 건 당연지사다.

졸업 50주년에 열 번째 동창회를 알리는 문자를 띄운다. 첫 동창회에 옥녀가 신주처럼 모시다 가져온 빛바랜 졸업사진이다. 졸업장이며 사진 등 학교에 다닌 흔적조차 없던 나에게도 너무 귀한 사진이다. 아이들 머리 위 공백에 누군가 아무렇게나 그려 놓은 낙서가 억눌렀던 아픔이 되어 목울대를 뻐근하게 한다. 돋보기로 사진을 확대해 들여다보며 희미한 기억을 떠올린다. 고만고만한 동창들 이름도 얼굴도 가물가물하다. 교육청 졸업 명단에는 56명이 있다. 분명 기억 속에는 같이 학교에 다녔는데도 이름이 빠진 친구가 있는가 하면 또 다른 이름이 올라와 있기도 하다.

병희, 영식, 찬기, 노수, 경훈이, 창섭이, 경집이가 그랬고 졸업은 못 했지만 함께 학교에 다녔던 상경이, 인기까지 아홉 명은 다시는 볼 수가 없다. 뭐가 그리 급했는지 서둘러 떠난 친구들이다. 종녀, 봉례는 이 땅 어딘가에 살겠지만 아직도 소식을 알 길이 없는 친구다. 이자, 상호, 성의, 용환, 인옥, 연복이는 전화로 목소리는 들었지만 아직도 넉넉지 않은 생활로 열 번이나 치른 동창회에 얼굴을 내밀지 못하는 친구들이다. 그 친구들 얼굴을 떠올리면 마음이 아프다.

왜 나는 이 일에 열정을 다해 매달렸을까. 대답은 하나다. 동창회가 뭔지도 모르고 살아온 친구들에게 동창회를 안겨 주고 싶어서다. 전후에 태어난 가엽고 고단한 친구들. 거친 강냉이 밥으로 끼니를 때우며 하얀 쌀밥을 배불리 먹고 싶어 하던 소박한 산촌 친구들이다.

부모의 무지나 칠천 원의 입학금이 없어 중학교에 진학하지 못한 친구가 태반이다. 그들에게 동창회는 멀고도 먼 남의 일이었다. 동창회에 갔다가 눈이 맞아 바람을 피웠다는 뉴스가 나와도, 남편이, 자식이, 친구가, 지인이 동창회를 간다고 집을 나서도 아무런 느낌도 없이 지천명이 넘도록 살아온 가여운 사람들이다. 그래서 나선 것이다. 이렇게 하나둘 동창들을 수소문하는 데 26년이란 세월이 흘렀다.

십 년 전, 서울 구로역 앞에서 첫 번째 두 번째 동창회를 했다. 다가오는 동창회를 손꼽아 기다리느라 마음이 설레 잠을 못 이루겠다는 친구들이 많았다. 옛 모습을 간직한 친구가 있는가 하면 전혀 못 알아보는 친구도 서너 명 있었다. 부둥켜안고 서로를 확인하며 웃고 떠들며 회포를 푸느라 정해진 서너 시간이 금세 흘러갔다. 난생처음 동창회를 하는 친구들의 감회는 역시 남달랐다. 벌겋게 상기된 표정들이 말을 한다. 연락이 닿는 친구가 45명인데 34명이 참석할 정도로 뜨거웠다.

살아보니 알겠다. 최소한 동창회에 쭉 나오는 친구들은 공통점이 있다. 성공한 친구들은 있지만 잘났다고 내세우진 않는다. 아직도 먹고 사는 데 힘겹지만, 최소한 잠시 쉬었다 갈 마음의 여유가 있다. 비록 섬기는 종교가 없더라도 남에게 해 끼칠 마음이 없고 가장 소중한 인연인 고향과 친구가 그리운 사람들이다. 앞장서 일하는 사람에 무한한 지지와 고마움을 표하는 친구들이다.

무릎에 인공관절을 넣는 수술로 회복이 덜 된 불편한 몸으로 참여했다 겨우 한 시간 머물다 친구들에게 피해 준다며 슬며시 빠져나가 서울로 귀가한 승달이, 학창 시절부터 노래를 잘했던 옥녀는 매사에 야무질 것 같지만 길치라 매번 남편의 도움으로 10년간 개근을 했다.

왕표는 열 번째 동창회까지 남은 날짜를 보내는 하루하루가 길고 생각만 해도 가슴이 떨린다며 부산까지 오는 친구들이

고마워 집에서 음식을 대접하겠다고 했다. 가까스로 만류해 밥집에서 하기로 했더니 현금 찬조에 떡, 과일, 식혜에 이어 현수막, 기념 타월도 제 돈 들여 준비했다. 봉기는 거액의 찬조에 이어 기꺼이 저녁 밥값을 치렀고 중학교를 졸업하자마자 부산으로 내려왔다는 은자 역시 집이 가까운데도 혼자 자야 하는 기순이와 한방에서 밤을 지새웠고 찬조와 더불어 숙박한 친구들에게 아침 식사를 대접했다.

모이게 해줘 정말 고맙다는 진솔한 인사가 가슴을 따뜻하게 하고 그런 마음으로 제 돈 아까운 줄 모르고 지갑을 여는 정 많은 친구들이 있기에 나는 그들의 손을 놓지 못한다. 앞으로도 그럴 것이다. 오랜 세월이 흘러도 기력이 있는 한 함께했으면 좋겠다. 이보다 더 소중한 친구들이 어디 있는가, 우리 할 수 있는 데까지 해보자.

'사랑한다. 친구들아!'

꽃마을에서 오는 문자

"꽃마을 212호로 양파즙 두 박스 부탁드려요."

손전화기에 등록된 지인의 문자다. 성모 꽃마을이라, 생소하다. 인터넷으로 찾아보니 아무나 갈 수 있는 곳이 아니다. 그렇다면, 가슴이 답답했다.

한 가닥 실낱같은 희망으로 즙을 먹으려는 생각인지, 아니면 치유센터에서 권한 것인지, 알 수는 없지만 정성을 다했다. 피를 맑게 하고 혈관 속의 작은 혈전을 줄여주는 효과가 있는 양파즙이다. '그래 이 즙이 조금이라도 도움이 됐으면 좋겠다.'

꽃마을 주차장에 도착했지만, 어떻게 그녀의 얼굴을 봐야 할지, 뭐라 위로의 말을 해야 할지, 돈은 받아야 할지, 판단이 서지 않아 한동안 서성거렸다. 마음을 다잡고 치유센터로 향하다 정문에 있는 봉헌초라는 유리함을 봤다. 작은 유리잔에 스무 개 가량의 촛불이 있다. 바람이 들어갈 틈도 없는 것 같은데 몇 개의 촛불이 흔들린다. 이미 불 꺼진 초도 보인다.

치유센터의 2층 계단을 오르면서도 흔들리던 촛불이 마음에 걸렸다. 그냥 봉헌 초일뿐인데 내 눈에는 이곳에서 생의 마지막 여정을 근근이 이어가는 환우들의 불꽃으로 보였다.

212호. 조심스럽게 노크를 하자 그녀가 문을 열고 나온다. "멀리 오시게 해서 죄송해요." 비록 모자를 쓰고 환자복은 입었으나 표정은 밝았다. 만나면 할 말을 염두에 두고 있었지만, 얼결에 경황없이 횡설수설하다 쥐여 주는 돈 봉투만 받아들고 나왔다.

그녀가 머무는 곳은 천주교 청주교구청에서 운영하는 '성모꽃마을'이라는 말기 암 환자들을 위한 전문 호스피스 시설이다.

이곳 역시 암으로 자식을 앞세우며 참척의 슬픔을 겪은 어느 독지가의 부지 기증으로 설립했단다.

누구든 자신이 암이라는 의사의 말을 받아들이기 어렵다. 대부분의 환자가 '아니야 오진일 거야.'라는 부정으로 불안을 해소하려고 한다. 초기 암도 그런데 하물며 말기 암 환자라는 걸 안다면 충격을 넘어 절망할 것이다. 그다음은 '왜 내가?'라는 분노의 반응 뒤에 우울증이 온단다. 그들은 하루하루 다가서는 죽음의 공포가 육신의 고통보다 훨씬 더 클 것 같다. 그런 환우에게 종교를 통해 통증 완화와 죽음에 대한 두려움을 극복하여 편안한 임종이 되도록 도와주는 시설이 성모 꽃마을이다.

그녀를 처음 만난 건 십여 년 전이다. 날씬하고 큰 키에 단발머리가 지적으로 보였다. 몇 해 전에는 혼자 지낸다는 이야기도 들려왔다. 백년해로를 약속한 부부가 남이 되는 일이 어디 쉽겠는가. 그런 고통을 겪어서인지 그녀가 그곳에 있다.

유전적인 요인도 있지만, 면역력이 떨어진 무방비상태의 몸을 암세포가 공격한다. 오랜 기간 심각한 스트레스에 시달리거나 만성피로에 기진맥진한 상태가 지속되면 암세포는 여지없이 자리를 잡는다.

종교에 귀의한 영향인지 치유센터를 몇 번 드나들면서 마주친 환우의 표정은 모두 밝다. 곧 낙엽처럼 떨어질 운명을 아는데 어찌 고통이 없겠느냐마는 비록 생명의 불이 꺼진다 해도 천국으로 갈 거라는 확신에 찬 얼굴이다.

오늘은 약속한 시간에 도착했는데 그녀가 없다. 순간 혹시 하는 마음에 불안했다. 나오면서 문자를 남겼다. "안 계셔서 놓고 갑니다." 곧장 답이 왔다. "전화를 주시지요. 갑자기 일이 생겨 잠시 비웠어요. 폰뱅킹이 안 돼 송금은 안 되지만 방법을 찾아볼 테니 계좌 좀 알려주세요." 사실 그녀가 주는 돈은 정상 판매가보다 적은 돈이다. 그래도 말은 안 했다. 그녀가 받아들였다면 무상으로 주려고 했다.

계단을 내려오는데 212라는 숫자와 그녀의 얼굴이 계속 맴돈다. 정문을 향하다 봉헌초함을 한참 바라보았다. 분명 그녀가 밝혀 놓은 촛불도 있을 것 같다. 비록 잠시 흔들리더라도 아주 오랫동안 타올랐으면 좋겠다.

한동안 뜸하다 싶었는데 전화가 왔다.

"선생님, 가게를 찾아가려고 하는데 주소 좀 찍어주세요."

삼십여 분 후 나타난 그녀는 건강해 보였다.

"선생님, 몸은 괜찮으세요?"

"예. 덕분에 몸이 많이 좋아져 퇴소했어요. 여러모로 감사합니다."라며 환하게 웃는 얼굴이 참으로 곱다.

어떤 친구

저런 운명도 있을까 싶을 정도로 가혹했다. 전생의 업보가 얼마나 크기에 평생 남들은 겪지 않아도 될 일을 연거푸 겪었다. 죽을 만큼 힘들었다. 쏟아할 눈물조차 말랐다. 피할 수 없기에 체념한 채 제 몸 상해가며 견뎌냈다.

말수가 없는 데다 처신 역시 신중한 그가 때로는 답답하게 느껴지기도 한다. 아무리 웃겨도 소리 내어 웃지 않고 빙긋이 웃는다. 두상이 크고 넙데데한 얼굴이라 가수 송창식을 닮았다는 말도 듣는다. 약삭빠르거나 절대 남을 해칠 위인은 아니다. 그와의 인연은 직장이다. 한 달 차이로 같은 부서에 입사했고 이십여 년을 근무하다 명예퇴직의 칼바람도 같이 맞았다.

부모를 봉양하던 친구가 신혼살림을 차릴 방의 도배를 도와달라고 요청해 간 적이 있다. 명색은 두 칸 방이지만 부부가 지내야 할 방은 장롱을 놓고 나니 마주 앉으면 무릎이 닿을 정도다. 어렵게 성장하며 몸에 밴 절약습관으로 억척스레 일하며 돈을 모았다. 비좁은 집을 벗어나기 위한 몸부림이었다. 게다가 알뜰하고 부지런한 아내가 도배 일을 하면서 비교적 빠르게 큰 집을 장만할 수 있었다.

두 아들을 둔 친구의 큰아들은 학교 성적이 우수해 기숙학사로 들어갔다. 그때부터 부모와 담임 선생님은 아이가 S대에 가는 걸 바랐고 아이는 화답하듯 더 열심히 공부해 최고의 자리를 고수했다. 수학능력고사를 얼마 안 남기고 변고가 생겼다. 초여름이지만 기침이 심하던 아내는 집 근처 내과의원에서 치료받았으나 점점 심해져 서울의 큰 병원으로 가서 진단을 받았다. 결과는 폐암 말기였다. 결국 며칠간의 서울 생활이 마지막 나들이가 되고 말았다.

독성이 있는 벽지 냄새를 맡아가며 가족을 위해 밤낮으로 헌신한 대가가 말기 암이었다. 명문대에 가는 아들을 그토록 원하며 뒷바라지로 몸을 살랐던 그녀는 지아비와 아이들의 통곡을 뒤로하고 그렇게 떠났다.

아내의 원대로 아들은 S대에 합격했다. 사별의 슬픔도 장한 아들의 합격으로 줄일 수 있었으나 이 무슨 운명의 장난인지 몇 해가 지나자 그 잘난 아들이 참척의 슬픔을 안겨주고 훌쩍 떠나갔다. 아들의 주검을 확인한 친구는 숨은 쉬지만 넋 나간 허깨비였다. 어떤 위로의 말도 그의 귀에는 들리지 않았다.

사랑하는 사람을 떠나보내는 고통이 얼마나 큰가는 겪어보지 않은 사람은 절대 모른다. 더구나 20대의 귀한 자식을 앞세워 보낸다면 애간장이 다 녹아내릴 것만 같다. 산다는 건 그 혹독한 고통의 슬픔도 억누르며 목으로 밥을 넘겨야 한다. 슬픔을 이겨내려고 새사람도 들였다. 조강지처 못지않게 살갑고 헌신적이다. 새 가정을 꾸리며 아픔의 기억을 지워갈 무렵 다 치른 줄 알았던 고통의 칼날은 친구를 정면으로 겨누었다.

아픈 곳이 있으면 본능적으로 손이 가게 마련이다. 틈만 나면 옷 속으로 가슴을 자주 만지던 친구에게 남자로는 희귀한 유방암 진단을 받았다. 빈도가 잦은 여성 유방암보다 더 위험하다는 의사의 설명에 심한 충격을 받았고 지인의 도움으로 서둘러 수술을 할 수 있었다. 초기 암이 아니라 수술에 이어 항암치료가 시작되었고 매달 모임 때면 모자를 눌러쓴 친구의 병색이 완연한 핏기 없는 누런 얼굴을 보자니 가슴이 아팠다.

조강지처의 사별에 이어 아들까지 앞세운 참척의 고통을 겪어낸 몸뚱이가 온전할 리가 있겠는가. 일 년여를 방사선치료와 항암치료를 받던 중에 이번에는 아내가 유방암 진단을 받았다. 가혹한 운명 앞에 좌절도 했지만, 수술한 부부가 항암 치료를 받으면서도 식당은 닫을 수 없었다. 그런 상태서 모시던 노모까지 치매에 걸렸다. 이 정도로 몰아치니 아무리 근기 있고 신앙이 깊은 친구지만 과연 신이 존재할까 라는 생각을 하는 것도 무리는 아니었다. 만일 성미가 급하고 삶의 의지가 약한 사람이라면 일찌감치 삶을 포기했을 수도 있을 것 같다는 생각도 들었다.

암 수술 전만 해도 옆 가게 주차장에 차량이 많으면 안달복달했던 부부는 우선 살아야 했다. 지난날 부렸던 것들은 쓸데없는 집착이요 욕심이었다. 건강을 잃고 나니 모두 내려놓고 매일 산을 찾았다. 대자연에 몸을 맡기는 치유를 택한 것이다. 서너 시간씩 걸으며 나물도 뜯고 버섯도 채취하며 웃고 즐기는 6~7년 사이에 몰라보게 건강해졌다. 두 사람이 가슴 졸이던 암도 완치 판정이 내려졌다.

부부의 건강이 좋아지자 영어 강사를 하는 혼기 찬 아들이 늘 걱정이었는데 설 명절에 와서 결혼하겠다며 이미 결혼날짜와 식장도 잡았고 예물이며 모든 걸 둘이 알아서 할 테니 부모님은 아무 걱정하지 말고 의례적인 상견례나 하고 그날 식장으로 오면 된다고 했단다. 결혼해서 기거할 고가의 주상복합아파트도 사놓은 지 꽤 되었다니 자식들의 뒷바라지를 해줘야 하는 나로서는 내심 부러웠다. 이 모두가 오랫동안 연달아 몰아친 죽을 고비를 넘기는 혹독한 시련과 고통을 꾹 참고 견딘 값진 선물이다. 근심거리 아들의 결혼은 안타가 아니라 담장을 넘기는 장외 홈런이다.

친구는 요즘 뭘 해도 입이 귀에 걸린다.

객기 客氣

 서로 눈치 보느라 바쁘다.

"앞자리에 탑승하실 분 손 드세요." 또다시 안내원의 목소리가 들렸지만 모두 쭈뼛거리기만 할 뿐 선수船首 세 자리의 주인은 나타나질 않는다. 순간 움찔거리던 내 손이 힘차게 솟구친다. 길게 늘어선 대기 줄에서 우선 승선의 기회를 얻은 것이다.

나를 바라보던 눈길들이 예사롭지 않았음을 보트가 출발하고서야 눈치를 챘다.

나이아가라 폭포가 쏟아 낸 하늘빛을 그대로 빼닮은 넘실대는 강물을 제트보트로 체험하는 것인데 일회용 우의만 잘 입어도 옷이 젖지 않을뿐더러 아흔이 넘은 어르신도 거뜬하게 타셨다는 가이드의 말을 액면 그대로 믿은 게 화근이다.

얇은 비닐 우의를 입고 그 위에 거기서 공급하는 두터운 우의를 뒤집어썼다. 발에는 쭉쭉 늘어나는 덧버선 같은 신발을 주는데 젖어서 질척거리고 색깔도 모양도 각각인 짝짝이지만 어쩔 도리가 없다. 30여 명이 탄 보트는 천천히 계류장을 벗어난다.

전형적인 한국의 가을처럼 푸르고 드높은 하늘에서 내리쬐는 햇볕은 따갑다고 느꼈는데 그도 잠시, 갑자기 하늘이 먹장구름으로 덮이더니 금방이라도 소나기를 퍼부을 기세다. 그런 변화는 전혀 상관없다는 듯 보트는 점점 속력을 높인다. 바람으로 펄럭이는 우의를 말아서 엉덩이에 깔고 앉았다. 이때만 해도 앞에 보트체험은 견딜 만하고 즐거울 거라는 생각뿐이었다.

보트의 맨 앞에 쭈그리고 앉아 휴대용 마이크로 목청껏 외치는 갓 스물을 넘긴 듯한 앳된 여승무원의 말이 보트의 굉음과 뒤섞여 잘 들리질 않는다. 들리지 않는 게 아니라 알아들을 수 없는 게 솔직하다. 안내 방송을 못 알아듣는 걸 눈치 챈 옆자리의 연수 중인 한국 여학생이 통역을 한다. 겁먹지 말고 즐기라는 말이란다.

달리던 보트가 급가속을 한다. 처음에는 빠르게 흘러내리는 물살을 거슬러야 하기에 그런 줄 알았다. 거센 물살이 보트 선수 바닥에 닿자 길들이는 야생마를 탄 것처럼 보트가 마구 날뛴다. 엉덩이가 하늘 높은 줄 모르고 치솟았다 떨어진다. 엄청난 물이 온몸을 뒤집어씌운다. 그냥 양동이로 퍼붓는 격이다. 순간이지만 보트 안의 물이 무릎까지 차올랐다. 이러다 보트가 뒤집힐지도 모른다는 생각이 든다. 만일이라는 가정이지만 뒤집힌다면 급류에 떠내려갈 테고 이런 복장으로 차가운 물에서 몇 분이나 견딜 수 있을지 혼란스럽다. 승선한 사람들의 염려는 아는 바 없다는 듯 보트는 빠른 물살을 오르내리며 급회전을 거듭했다. 탑승객들은 너나 할 것 없이 롤러코스트를 탈 때보다 더 큰 소리를 마구 질러댄다. 이제 그만해도 좋으련만, 뒤에 앉은 선장은 빙그레 웃어가며 승객들을 바라볼 것만 같다. 빙하가 녹은 찬물을 수 없이 뒤집어쓰고 나니 입술은 파랗게 물들고 이빨은 서로 딱딱 마주칠 정도로 추웠다.

다들 보트 앞자리에 타지 않으려고 한 이유를 그제야 알았다. 뒷자리보다 선수는 위로 들려 있고 물살에 의해 튕겨 오르는 높이와 물을 뒤집어쓰는 양도 뒷자리에 몇 배는 됐다. 가보지 않은 길을 가보고 싶어 하는 인간 본연의 욕구로 결국은 물에 빠진 생쥐 꼴이 되고 말았다. 옆에 앉은 상대의 몰골을 통해 나를 봤다.

보트에서 내리자 우의만 잘 입으면 옷도 안 적신다고 말하던 현지 가이드가 잽싸게 달려온다.

"어르신, 괜찮으세요?"

그래, 벌써 어르신 소리를 들을 나이인데도 괜한 호기를 부려 아내는 물론 가이드의 걱정을 하게 만들었다는 생각에 미안했지만, 급한 건 너무 추워서 젖은 옷을 빨리 갈아입어야 했다.

천둥소리를 내며 쏟아지는 나이아가라 폭포, 빙하가 녹아내려 만들어진 온타리오 차가운 호숫물을 정말 원 없이 뒤집어썼다. 예상치 못한 여유가 긴장으로 변하며 몸이 달았고 거친 물살을 가르고 급회전하는 오줌을 지릴 듯한 짜릿한 스릴도 느꼈지만, 너무 추웠다.

내가 부린 그날의 허세는 아무 쓸모 없는 장년의 객기였다.

빚

나는 빚쟁이다. 내 나름대로 열심히 갚으며 살아온 것 같은데 아직도 갚아야 할 부채가 남았다. 소소한 것에서부터 평생 애를 써도 갚을 수 없는 것도 있다. 빚은 빚이지만 마음 안에 있으니 신용불량자는 아니다. 돌아보면 영원히 갚을 수 없는 빚이 지금의 나를 있게 해주었으니 고마울 따름이다.

인생은 서로 주고받으며 사는 것이다. 자의든 타의든 수많은 빚을 지고 갚으며 살아간다. 빚은 당연히 갚아야 하지만 시기를 놓쳐 갚을 수 없을 때는 평생 가슴으로 느끼며 살기도 한다.

갈수록 독거노인이 빠르게 늘어난다. 모든 걸 스스로 해결하는 노인이 많아지는 고령화 사회에 자식들의 무관심도 늘어간다. 부모에게 진 빚을 탕감받거나 잠시 미루는 지급유예가 아니라 아예 갚을 생각조차 안한다. 노인들의 삶이 더 지난해질 것만 같아 우울해진다.

도로변에서 흘러간 유행가 소리가 들린다. 찢어지듯 높은 볼륨은 미간을 찌푸리게 한다. 사륜오토바이에 울긋불긋한 조화로 장식하고 열댓 개가 넘는 바람개비에 반짝이 필름까지 펄럭이니 휘황찬란하다. 그러나 까만 선글라스를 낀 팔순의 할아버지는 음악을 틀어 놓고도 무표정이다. 세상의 끝자락에서 온 힘을 다해 발버둥치지만 낭떠러지에 서 있는 듯한 고단한 모습이다. 뒷좌석에는 목도 가누지 못하는 갓난애처럼 머리만 남겨 놓고 이불에 돌돌 말려 벨트에 묶여있는 할머니가 겨우 눈만 깜빡인다. 핏기 하나 없는 얼굴, 퀭하니 풀린 눈만 봐도 떠나실 날이 머지않은 듯하다. 오늘이 마지막이 될 수도 있는 중증환자에게 할아버지가 시켜주는 세상 구경이다. 할머니는 구경을 잘하고 계실까. 봄바람을 느끼고, 꽃봉오리 터지는 소리를 들으셨으면 좋겠다. 혹독한 겨울을 밀어내고 피어오르는 산수유 꽃망울을 보며 된장 담그던 그날을 기억하실지도 모른다. 비록 몸은 움직일 수 없지만, 할머니는 수십 년 보고 느껴온 이 봄을 분명 기억하실 거다. 순간순간이 아쉬운 할머니가 지금 바라보는 세상은 참으로 아름답고 따뜻할 것이다. 할아버지는 이렇게 해서라도 평생 할머니에게 진 빚을 갚으려 하는 것은 아닐까.

누구나 빚 없이 살기는 어렵다. 인연의 빚은 더 그렇다. 연륜이 쌓인다는 것은 그 빚을 하나하나 덜어가는 것이며, 덜어지는 만큼 세상살이는 자유로운 것이다.

한동안 매일 지나가던 사륜 오토바이가 며칠째 보이지 않는다.

5부

아름다운 대결

산다는 것은 끝없는 경쟁이며 대결이다. 거기에는 지켜야 할 규칙이 있어야 한다. 수단과 방법을 가리지 않고 무조건 이기려는 자의 반칙과 야합은 비열하다. 선의의 경쟁과 대결이 필요하다. 진정한 패자의 승복은 비록 싸움은 졌지만, 인생경영은 승자다. 승자는 자만에 앞서 반드시 패자를 보듬어야 하며 정당하게 싸웠는가에 대한 성찰도 필요하다.

아름다운 대결은 승자와 패자, 보는 이도 즐겁고 행복하다.

불편한 동행

불가피한 동행이다. 낯선 자의 침입이다. 귀띔이라도 했으면 좋으련만 불쑥 찾아와 자리 잡으니 불편하기 그지없다. 어딜 가나 찰싹 붙어다니니 의지대로 되는 게 없다.

세월은 저 혼자 가는 게 아니었다. 내 몸 곳곳에 흔적을 남겼다. 점점 굵어지는 주름이며 흰머리가 늘어난다. 겉으로 드러난 흔적을 없애려 애는 써보지만 잠시의 눈가림일 뿐 티가 난다.

매일 목으로 넘겨야 하는 약이 해가 갈수록 늘어간다. 가족력이 있는 질병을 막아보려 몇 년을 매일 뛰고 걸었다. 오죽하면 팔자에 없는 마라톤 대회에 참가하려고 열심히 뛰어도 봤지만, 소용없었고 어느 날 급격하게 오른 혈압으로 응급실에 실려 가면서 두 손 들고 말았다. 운동을 열심히 한다고 모든 질병에 좋은 건 아니었다.

나이가 더해질수록 화장실에 머무는 시간이 길어진다. 부쩍 소변에 거품이 많아졌다는 생각이 든다. 들은 게 있으니 머리가 복잡하다. 이 녀석은 가장 끈질기고 까다로운 불편한 동행이라 확인조차 하기 싫었다. 세상사가 어디 좋다고 오래 머무르고 싫어한다고 오지 않던가.

사람 좋다는 이야기를 들으며 살아왔다. 거절을 못 하는 성격이라 더 자신을 혹사했다. 마다하지 못했던 권주勸酒도 그것이요, 은근히 스트레스를 받는 수많은 부탁도 그 범주에 속한다. 그렇게 이순까지 살았으니 몸이 온전할 리 없다.

아무래도 그냥 있어선 안 될 것 같은 위기감이 든다. "걸으면 살고 앉고 누우면 죽는다."라는 말이 새벽에 밖으로 끌어낸다.

매일 빠른 걸음으로 한 시간을 걸었다. 신체의 변화야 둘째 치고 일단은 몸이 가벼워졌다. 비교적 여유가 느껴지는 주말이면 무심천 변을 두 시간 정도 걸었다. 몇 개월이 지나다 보니 체중 감소는 눈에 띄지 않지만, 근육량은 늘었다.

나는 늘 자신과 적당히 타협을 잘한다. 글을 쓸 때는 '그래, 이만하면 욕먹을 정도는 아니니 됐어.' 운동할 때도 '이 정도면 좋아. 더 하는 건 무리야.'라고 한다. 그러니 늘 내 글이나 운동에는 얼마간 채워지지 않은 부분이 있게 마련이다.

한 방 맞고야 자료를 찾아본다. 길이 12~20cm, 무게는 70~120g 정도의 복더위에 헉헉대며 내민 개 혓바닥같이 생긴 췌장이다. 머리와 몸통, 꼬리를 가진 이 장기는 주인의 생명을 좌지우지하면서도 함께 살아가는 법을 실행하는 줄은 예전에 미처 몰랐다. 하기야 이곳에 암이 발생하면 수술을 해도 5년 생존율은 10% 이하란다.

몸속 깊숙이 자리하고 있어서 탈이 나도 쉽게 알지 못한다. 쓸개에서 만들어진 담즙과 자체 만들어진 투명한 액을 십이지장으로 보내 탄수화물, 지방, 단백질을 소화시킨다. 또한 랑게르한스섬이라는 특수한 조직은 인슐린을 만들어 혈당을 조절하기도 한다.

궁핍했던 시절 당뇨는 없었다. 늘어난 소득으로 고열량의 음식 섭취에 빠르게 먹는 식습관이 비만을 불렀다. 갈수록 운동량은 줄어든 데다 섭취한 열량은 높으니 췌장이 혹사당할 수밖에 없다. 그런 가운데 제일 문제가 인슐린이다. 인간이 한 생을 살아가는데 일정한 양의 인슐린을 만들어 내는데 폭식으로 미리 당겨서 쓰다 보니 생명을 유지하는 데 필요한 최소의 양만 공급해 혈당이 올라간단다.

췌장처럼 지혜로운 장기도 없다. 젊은 날에는 무엇을 하든 내버려 뒀다. 흰머리가 성성해지고 아랫도리 근육이 슬슬 풀려 가고 배가 볼록 나올 즈음에 경고를 한다. 죽지 않을 만큼은 관리해 줄 테니 나머지는 스스로 하란다. 살기 싫으면 운동하지 말고 틈만 나면 눕고 앉아라, 절제는 필요 없다, 먹고 싶으면 뭐든 맘껏 먹어라, 그러면서도 티브이를 통해 보여준 최강의 경고인 발가락과 발목이 잘려나간 당뇨병 환자를 기억하라며 윽박지른다.

오랫동안 길들어진 습관을 한순간 바꿀 수 있는 사람은 의사뿐이라고 하더니 나는 손바닥 반절도 안 되는 혈당측정기에 의해 모든 걸 바꿔야 했다. 퇴근 후 즐기던 한두 잔 위스키나 목 넘김이 좋던 시원한 맥주며, 쟁반에 내오던 새콤달콤한 과일이며, 궂은 날 식욕이 동하던 칼국수, 잔치국수, 수제비도 이제는 거리를 둬야 할 것 같다.

건강해지려면 몸은 운동으로 혹사하고, 마음은 편안하게 놔뒀어야 했다. 걱정해서 해결될 일도 없었는데, 늘 옥죄고 들볶았다. 몸뚱이가 편해지고 스트레스가 쌓이면 반드시 찾아오는 게 질병인 줄 미처 몰랐다.

내가 게으르면 훗날 가족이 고통스럽다. 언제까지일지도 모르지만, 함께할 동행자는 찰거머리같이 떨어질 줄 모르는 까다로운 존재다. 마음 같아서는 당장에라도 떼 내고 싶지만, 내가 자초하지 않았던가, 어차피 함께 갈 불편한 동행자라면 살살 달래가며 가야겠다. 사사건건 참견하는 동행자 덕분에 더 오래 살지도 모를 일이다.

아름다운 대결

피할 수 없는 대결이다. 양보란 있을 수 없다. 사전에 기획된 연출은 더욱 아니다. 결과는 예측불허다. 숨 가쁘게 전개되는 불꽃 튀는 대결의 결말은 승자와 패자로 나뉠 뿐이다.

스타와 함께 무대에 서는 것만도 영광스러운 팬들의 도전이다. 부담 없이 즐기는 도전자에 비해 지키려는 자의 긴장은 위험수위다. 비록 자신을 좋아하는 열성 팬이지만, 자리를 선뜻 내줄 수 없는 자의 열창으로 분위기는 숙연해지고 가슴마저 찡해진다.

전국에서 모여든 모창 팬들의 도전이자 스타가수의 실력을 검증하는 무대인 J-TBC방송 예능프로그램이다. 진짜가수의 목소리를 닮은 데다 그가 부른 노래만큼은 자신 있다는 다섯 명의 도전자가 겨루는 기적의 무대인 〈히든싱어〉 '진짜 가수를 찾아라' 편이다.

연말 특집은 천상의 목소리를 가진 슈퍼로커 김경호 편이다. 감동을 넘어서는 전율이 이어지고 좌중을 압도하는 폭발적인 무대가 될 것으로 예상된다.

90명의 청중단은 대부분 출연가수의 팬이고 10명의 게스트는 가수와 친한 연예인이거나 음악에 관련된 전문가들이다. 발표했던 가수의 노래는 수없이 듣고 부른 이들은 음색이나 사소한 버릇과 특징도 잘 안다.

1, 2, 3차 대결은 밀폐된 부스에서 한 소절씩 부르는 노래 1절만 듣고 가장 가수 같지 않은 사람을 고르면 된다. 표를 많이 받으면 가수라도 예외 없이 탈락한다. 노래를 부르는 사람도 검증단도

모두가 진지하다. 숨소리조차 죽여 가며 음정, 음색, 박자에 신경을 집중시킨다. 그러면서도 막상 누군지 감이 안 잡힌다는 묘한 표정들이다.

세 명이 남은 마지막 대결은 가장 노래를 잘하는 사람을 뽑으면 된다. 정작 본인들이야 숨 막히는 혈전이지만 관전자는 흥미진진하다. 가수와 도전자가 서로 앞서거니 뒤서거니 한다. 도전자들의 실력이 만만치 않다는 게 중론이다. 우승 결정이 나면 최선을 다한 도전자도 가수도 열렬한 박수를 받는다.

어떤 가수는 마지막 대결에서 도전자에게 단 두 표차로 패하기도 했다. 설령 가수가 졌다 해도 부끄러워할 사안은 아니다. 승리를 거머쥔 도전자도 절대 자만하지 않는다. 오히려 상대에 대해 진심으로 미안해하는 표정이 역력하다. 가슴 찡한 감동이며 좀처럼 보기 힘든 멋진 광경이다.

김경호가 좋아 그의 노래로 거리공연을 한다는 우형기 도전자가 내 마음을 사로잡았다. 길거리 공연이 인연이 돼 7년째 교제 중인 그는 마지막 대결에서 관중석에 와있던 연인에게 프러포즈를 했고 승낙도 받았다. 내친김에 동경하는 김경호에게 축가를 부탁했고 그는 흔쾌히 받아들였다. 감격해 눈물을 보이던 우형기 도전자는 관객과 시청자의 눈물샘을 자극했다.

끝까지 가수를 위협했던 한 도전자는 이미 김경호의 콘서트에서도 출연했던 실력파 보컬이었다. 저런 후배라면 패해도 좋다고 너스레를 떨던 김경호는 결선에서 안정된 고음을 소화시키는 미성으로 여유 있는 승리를 거머쥐었다. 오랫동안 여운이 남는 감동스럽고 멋진 대결이었다.

우리는 과연 어디서 승패를 떠난 멋진 대결을 볼 수 있을까. 밥그릇 싸움만 하는 정치인들에게 그런 모습을 찾기는 요원하다. 정정당당하게 싸워야 할 스포츠 경기조차 승부 조작과 약물 파동으로 우리를 우울하게 만들곤 한다.

산다는 것은 끝없는 경쟁이며 대결이다. 거기에는 지켜야 할 규칙이 있어야 한다. 수단과 방법을 가리지 않고 무조건 이기려는 자의 반칙과 야합은 비열하다. 선의의 경쟁과 대결이 필요하다. 진정한 패자의 승복은 비록 싸움은 졌지만, 인생경영은 승자다. 승자는 자만에 앞서 반드시 패자를 보듬어야 하며 정당하게 싸웠는가에 대한 성찰도 필요하다.

아름다운 대결은 승자와 패자, 보는 이도 즐겁고 행복하다.

소심한 사내

낭패다. 내 자리로 갈 수도 안 갈 수도 없다. 몹시 혼란스럽다. 많은 사람이 앉았던 자리는 비어있고 한 사람만 있다. 그는 자신이 사람을 몰아낸 게 아니라고 하겠지만, 옆에 있다 봉변이라도 당할세라 서둘러 자리를 뜬 셈이다.

목욕탕, 그곳은 가진 것도, 사회적 지위도 구별되질 않는다.

다만 눈으로 흘끔거리는 신체적인 조건만 확인될 뿐 모두가 평등하다. 그렇기에 마음 편히 몸을 씻고 찜질도 하며 휴식을 취하는 쉼터다. 그런 곳에 험상궂은 인상에 온몸에 문신을 한 사람이 자리를 잡았다. 하필이면 내 목욕용품을 놓아둔 바로 옆자리다.

은근히 겁이 났지만, 모험을 택했다. 나만 조심하면 될 것 같아 그냥 내 자리에 앉았다. 사내의 몸짓이 참으로 요란스럽다. 움직일 때마다 등이며 가슴팍, 다리를 휘감고 올라간 용이며 호랑이가 금방이라도 뛰어나올 것만 같다. 살살 물을 뿌려도 되련만 어찌나 물을 튀기며 씻는지 다른 사람들처럼 피할 걸 하는 후회도 했지만, 좀 더 견디기로 했다.

오늘따라 문신한 사람이 많다. 삼십대의 젊은이 등에는 섬뜩한 그림이 잔뜩 그려져 있다. 50대 후반의 사내는 가슴과 팔뚝에 그림을 그렸는데 조잡하기 그지없다. 절로 웃음이 나온다. 혈기 왕성한 나이에 했으련만 피부가 축 늘어지니 그림이 일그러져 보기가 흉했다.

해방 이후 한 시대를 이끌었던 주먹의 '전설'들이 몸에 문신했다는 기록은 어디에도 없다. 실제로 주먹을 잘 쓰는 사람은 굳이 문신으로 타인에게 위협할 필요는 없지 않은가.

문신은 대부분 자기 만족이고 일부는 조직의 일원이라는 것을 알리기 위해 했다면 이건 미리 조심하라는 메시지가 아닌가. 그런데도 불구하고 저 사내에게 가족은 있는지, 있다면 함께 해수욕장을 가기나 할지, 여름이면 팔이며 다리를 과감하게 내놓고 거리를 활보나 할지, 별것이 다 궁금하다. 그렇다고 어깨를 툭툭 치고 이유를 물어본다면 당장에 주먹이 날아올지도 모른다.

문신에 관한 오래된 추억도 있다. 목욕탕에서 문신한 사람을 많이 봤지만, 그 사람은 정말 특정 부위에 특별한 문신을 했었다. 샤워하는 사람의 뒤태를 보니 불룩 튀어나온 엉덩이 양쪽에 커다란 눈이 새겨져 있었다. 얼마나 우습던지 웃다가 샤워를 마친 사내의 실룩대며 걷는 모습을 보고 웃음을 뚝 그쳤다. 엉덩이에 새겨진 눈이 묘하게 일그러지며 교대로 나를 노려보고 있었다. 그것은 바라보는 자에 대한 선전포고이자 경고였다.

사내는 아직도 열심히 때를 민다. 나는 씻으면서도 별의별 상상을 하는데 벌떡 일어난 사내가 나를 향한다. 걸걸한 목소리가 나를 압도한다.

"이거 좋은 거니께 써 보슈."

얼떨결에 내 입에서는 이 말이 튀어나왔다.

“그게 뭔데요?”

“요게 말시 다 빠진 대글빡 털도 다시 난다는 샴푸라요. 쪼까 전에 떨어뜨려 밑구녕은 나갔지만 쌔거라요.”

나는 ‘샴푸 가져왔는데요.’라고 말하고 싶었지만, 그 사내의 얼굴을 한 뼘 앞에서 대하니 입안에서만 맴돌 뿐 나오질 않는다. 받아야 할지 말아야 할지 어정쩡한 표정을 지었지만, 어느새 내 손에는 샴푸 통이 쥐어져 있다. 목욕을 끝내고 나가야 하는데 갑자기 고민거리가 생긴 셈이다. 두고 가야 할지, 가져가야 할지, 두고 나오면 어디서 달려와 왜 안 가져 가냐고 멱살이라도 잡을 것 같다.

목욕을 하다 지레 겁먹고 자리를 피했던 사람들도, 그 옆에 쭈뼛거리고 앉아 조심스레 때를 밀던 나도, 온몸의 문신으로 혐오감을 주며 강한 척했지만 쓰다 남은 샴푸를 준 그 사람도 따지고 보면 소심한 사내이긴 매한가지라는 생각이 든다.

탕을 나서는 내 목욕 바구니에는 사내가 준 물구나무를 선 샴푸 병이 마치 나를 놀리듯 까불거리며 춤을 춘다.

아린이

피붙이도 연인도 아닌데 보고 싶다. 다녀간 지 겨우 며칠인데도 그립다. 대상을 향한 그리움이 주책 수준이다. 여태 살면서 이렇게 안달한 적이 없었다. 나이 탓이려니 해도 꼭 그런 것만은 아니다. 자꾸만 눈에 어른거린다.

젊은 나이라 그랬는지 예전에 내 자식을 멀리 떼어 놓고도 이러진 않았다. 암만 생각해도 별일이다. 피 한 방울 섞인 것도 아니요, 죽고 못 살 정도로 정이 든 것도 아닌데 말이다. 가끔 달래기 힘들 정도로 떼쓰는 아이를 보면 혼자 애태우며 그리워 할 때만 못할 때도 있지만 말이다.

진한 쌍꺼풀에 유독 새까맣고 커다란 눈, 약간 이마가 불거져 나오고 두 볼에 폭파인 보조개가 예쁘다. 조잘거리는 작은 입의 빨간 입술이 앙증맞다. 달음박질 칠 때면 짧은 양 갈래머리가 덩달아 흔들려 보는 사람이 불안할 정도로 뒤뚱거리며 와서 안기는 아이다.

"할아버지 뽀." 하면 몇 초의 망설임도 없이 침이 줄줄 흐르는 막대사탕을 빨던 입을 내 볼에 맞추는 아이, 미리 사두었던 새콤 달콤한 젤리를 주면 맛있게 입에서 오물거리던 사탕을 내 손에 뱉어내며 앙증맞게도 "맛없어."라며 말랑한 젤리를 날름 입에 넣는 맹랑한 아이다.

소파에 잠시 엉덩이를 붙였다가 인도에 설치해 놓은 원숭이와 다람쥐 모양의 놀이기구를 태워달라고 내 손을 잡아끄는 아이, 녀석이 맨 처음 타는 건 예외 없이 다람쥐 모양의 놀이기구다. 다람쥐의 양쪽 귀를 붙잡고 좋아하지만 절대 하나만 타면 안 되고 원숭이 모양의 기구까지 타야 순순히 내려오는 아이다. 아이 옆에 오도카니 서서 흘러나오는 동요를 열댓 번은 따라 불러야 500원짜리 두 개 값어치는 끝이 난다.

사무실에 들어오면 흙 묻은 신발을 신은 채 소파에 올라가 들고 뛰어도 절대 밉지 않은 아이, 약을 담을라치면 그 작은 손으로 굳이 하겠다고 나서서 반 박스는 채우고 마는 아이, 손잡고 다니면 다들 손녀라고 믿는 아이, 한 달에 서너 번 정도 오는 그날이 기다려지는 아이, 두 돌을 앞둔 그런 아린이가 자꾸 눈에 밟힌다.

아린이 엄마는 마흔이 넘어 우리 가게 옆에서 숙녀복을 판다. 중·고등학교에 다니는 두 아들을 두었는데. 둘 다 남자애들이라 무뚝뚝하고 잠시 말썽도 부렸기에 자신을 이해하는 딸을 두고 싶은 마음을 남편에게 전하고 졸라서 아린이가 태어날 수 있었다. 바라던 대로 딸이 태어났고 예쁘기까지 했으니 부부는 얼마나 좋았을까.

동네의 귀여움을 독차지하던 아린이네가 두 오빠들이 다니는 학교 근처로 이사를 갔다. 그러면서 아린이를 향한 그리움은 더 간절해졌다. 어쩌다 아린이 엄마의 모임이 있을 때 데리고 온다.

올 때마다 쑥쑥 자라고, 하고 싶은 말을 표현하는 걸 보면 예뻐 죽을 것 같다. 내 손주가 없어서 그럴 거라는 주위 사람의 말도 듣지만 꼭 그런 것만은 아니다. 그 아이를 갖고 싶을 때 해준 건강식품과 출산 후 선물로 준 회복용 식품이 어느 정도 연이 되었다고 믿는다.

빨간 꽃잎이 수놓아진 아린이의 하얀 티셔츠에 금방 먹다 흘린 포도즙이 군데군데 보라색 꽃무리로 피었다. 옷을 버렸다고 눈 흘기며 잔소리하는 엄마는 관심도 없다는 듯 아이는 줄지어 싸놓은 약 박스 위에 누워 볼록해진 하얀 배를 홀러덩 까고 뒹굴뒹굴한다. 안방이 따로 없다.

며칠째 장맛비가 내린다. 그만 좀 왔으면 하는 말이 나올 법도 하지만 혹독한 가뭄 뒤라 할 수가 없다. 그리움은 비를 타고 온다 했던가. 이런 날, 조금 더 컸다고 뭐라고 하면 곧장 "싫어."라고 말하는 약간은 발칙하면서도 귀여운 아린이를 봤으면 좋겠다. 아이의 까만 눈동자와 해맑은 웃음소리에 재잘거리는 모습을 보면 내 안의 가득했던 스트레스가 사르르 녹아 없어질 것만 같다.

보고 싶다, 유아린.

올무

벗어나려 용을 쓰면 쓸수록 더 강하게 옥죈다. 숨쉬기조차 어렵다. 누구를 탓할 수도 없다. 어리석게도 내가 놓고 내가 걸렸다. 뒤늦은 후회를 했지만 벗어날 수가 없다.

중국의 사마광이 수많은 한자 중에 말씀 언言과 이룰 성成으로 이뤄진 정성 성誠자를 좋아했는데 철없던 학창시절 의미도 제대로 모르면서 말과 행동이 일치한다는 언행일치言行一致를 좌우명으로 정했다. 그때만 해도 그것이 나를 옭아맬 줄은 미처 몰랐다.

첫 직장 환영식에서 선배들에게 후한 점수를 따고 싶은 성급함인지 나는 '언행일치'를 자신만만하게 입에 올렸다. 그 일로 인해 이십여 년의 직장생활은 고달팠다. 술김에 한 말이라고 슬쩍 넘길 수 있었지만 내 안의 또 다른 내가 받아들이지 않았다.

민주화 열기가 전국으로 번졌던 1987년 6월, 의사와 관계없이 2,000여 명의 사원을 대표하는 노사협의회 부위원장이 되었다. 그 무렵 산업단지 내 대부분 사업장이 파업을 했다. 일주일간 노사협의회가 열렸지만 성과 없이 지지부진하자 회사는 노·사 실권자의 단독회담을 제의했고 비교적 합리적인 사고에 결단력을 겸비하고 논리적이라는 이유로 사원대표가 됐다.

강력한 카리스마를 가졌던 전무이사와의 단독협상은 하루 12시간 이상의 팽팽한 신경전이다. 각종 데이터를 취합하고 주도면밀하게 협상에 임했지만, 타결은 멀고 먼 길이었다. 평소 불만이 많던 일부 사원은 노동조합을 결성하자며 선동했지만 나에게 맡겨 달라고 했다.

머리가 터질 것 같았고 한숨도 잘 수 없는 불면의 밤이 지속

되었다. 전 사원의 눈과 귀가 집중됐다. 피를 말리는 힘겨운 단독 협상은 일주일 만에 전격 타결됐다. 전사원이 환호성을 지를 만한 아주 좋은 조건이었다. 만나는 사람마다 고생했다며 등을 도닥이고 악수를 청했지만 스트레스가 쌓인 협상의 후유증은 오랫동안 나를 괴롭혔다.

사실 수행자도 성직자도 아닌 범인凡人이 언행일치를 입에 올리는 것부터 어불성설이다. 괜한 짓을 했다고 후회했지만 여태 거둬들이지 못했다. 말과 행동이 어느 정도 일치하면 우리는 성실하다고 한다. 당사자는 힘들지만 정작 많은 사람이 이런 사람을 좋아한다. 성실하다는 것은 참으로 많은 제약이 따른다. 서운해도 드러내지 않고, 우직해야 하며, 여일해야 한다. 성실은 자신을 희생시키며 얻은 값비싼 대가다.

이순의 고개에 올라서 보니 이제는 좀 더 자유롭게 살고 싶다. 내 몸에 다소 생채기가 나더라도 올무를 싹둑 자르고 훌훌 벗어나고 싶다. 반듯하게 빗어 넘긴 이 대팔 가르마도 없애고, 객쩍은 말과 실없는 농담도 툭툭 던지고 허허실실 웃어가며 헐렁하게 살고 싶다. 그래야 살 것 같다.

야화 夜話

 하나.

채우려는 욕구는 밤에 더 기승을 떤다. 고요와 침묵을 동반한 어둠이 내리면 고단하게 하루를 보낸 사람들이 잠자리에 들고, 어둠으로 자신의 행동을 남이 볼 수 없을 거라는 착각과 확신은 내재된 탐욕을 부추긴다. 때로는 호기와 객기로 나타나며, 범죄로

이어지기도 한다. 데이트 중인 숫기 없는 총각에게는 용기를, 술 취한 사람들을 담벼락이나 전봇대로 이끌기도 한다.

몇 해 전, 가지마다 탐스럽게 꽃망울이 맺힌 분재를 하나 샀다. 고사古事한 분재 화분에 심을 요량이었다. 화분에 남은 흙과 퇴비를 섞어 정성껏 심었다. 생명력이 강한 수종이라 활착이 잘돼 매년 봄이면 분홍색 꽃을 피웠고, 가을이면 앙증맞은 붉은 꽃사과를 조롱조롱 매달았다. 올해도 열매가 많이 달렸고 이파리는 단풍이 곱게 들었다.

화분이 자리한 곳은 종일 햇볕이 드는 가게 뒤편이지만, 들며 나며 분재를 바라보는 재미가 쏠쏠했다. 가끔은 뽀얗게 먼지를 뒤집어쓴 이파리를 물티슈로 닦아주었다.

추수의 계절이 되면 가게가 바빠진다. 처음 의도와는 다르게 고객들의 요구에 응하다 보니 새벽일을 해야 한다.

여느 날처럼 뒷문을 열고 밖으로 나가다 깜짝 놀랐다. 분재 화분이 없어졌다. 몇 해 동안 애정을 쏟았는데 몹시 서운했다. 하지만 잘 돌봐줄 분이 가져갔겠지 라며 위안을 삼았다. 그것도 잠시, 담장 구석에 내동댕이쳐진 분재를 보는 순간 감정이 격해졌다. 어떻게 저럴 수 있나. 집어던지는 충격으로 가지가 부러지며 달려 있던 붉은 열매와 곱던 이파리가 떨어져 콘크리트 바닥에 뒹굴었다. 나무는 버리고 비싼 토기 화분만 가져갔다. 그동안 눈여겨두었다 행인이 없는 밤에 욕심을 채운 것이다. 차라리 통째로 없어졌으면 좋았을 텐데 화분만 가져가 더 부아가 났다. 우선 나무라도 살려야 했다. 구상나무가 있는 화단 한쪽을 파고 손상된 가지와 뿌리를 손질한 다음 미안한 마음에 퇴비를 듬뿍 넣고 심었다. 봄이면 연분홍 꽃들을 가지마다 피울 거라는 기대를 하면서.

며칠 후 옆 가게 원장이 말을 건네 왔다.

"사장님, 왜 나무를 뽑았어요?"

말뜻도 모르고 건성으로 답을 했다.

"누가 밤에 화분을 가져가면서 뽑아버렸어요."

그러자 재차 말이 이어진다.

"아니, 그거 말고 화단에 심으신 거요."

그 말을 듣고 화단으로 가보니 분재를 심었던 자리만 움푹 파였다.

화분만 챙겨간 사람이 다시 가져갔을 것 같다.

말 못 하는 식물일지라도 감정이 있을 텐데 갑자기 바뀐 주인을

원망이나 하지 않을지. 비록 바뀐 환경이지만 내년 봄에도 활짝 꽃을 피웠으면 좋겠다.

둘.

음식물쓰레기 처리비용이 오르며 별의별 일이 많다. 과일 가게와 우리 가게는 대형 음식물쓰레기통이 있다. 밤이면 이 통들은 주인의 의지와 다르게 채워진다. 필요하니까 쓰겠지만, 넣지 말아야 할 것들을 버리니 난감하다.

어둠이 물러서는 새벽, 음식물 쓰레기통 앞에서 서성이는 할머니를 봤다. 처음에는 음식쓰레기를 버리려는 것으로 오해했다. 하기야 설령 음식물쓰레기를 버려도 나서서 말할 주변머리도 못 된다. 한참을 지켜보니 쓰레기통 앞에 있는 상한 귤 상자를 뒤지고 있었다. '아! 그랬구나. 거동이 불편해 누워있는 영감님이 계실까? 아니면 자식의 이혼으로 할머니가 돌보는 먹성 좋은 손주들이 있을까?' 가슴이 아렸다. 그중에는 물론 먹을 수 있는 것들도 있지만 버린 과일 상자를 뒤지는 것을 보니 짠하다. 아파트단지 음식물쓰레기통에는 맛이 없다고, 신선하지 않다고 버리는 과일이 많다는데, 세상 참 고르지 못하다는 생각이다.

초겨울에는 높은 기온으로 과일가게에 들여놓은 귤이 많이 상한다. 일삼아 매일 선별을 한다. 그걸 아는 할머니는 내일 새벽에도 찾아올 것만 같다. 귤 한 봉지를 샀다. 전날보다 일찍 일터로 나온 나는 준비한 귤을 상자에 넣고 상한 귤과 섞었다. 잠시 후 구부정한 할머니가 보인다. 귤을 고르는 손놀림이 빨라진다. 검정 봉지에 가득 귤을 담은 할머니는 낡은 유모차에 싣는다.

등을 보이고 걷는 할머니 발걸음에 힘이 붙는다.

선과 악이 혼재된 세상에 어둠이 깔리면 눌려있던 불만과 욕망이 꿈틀거린다. 자라며 길든 손버릇, 정서적 결핍과 쌓여온 욕구불만은 이미 많은 것을 갖고도 채우려 든다. 어둠을 틈타 남에게 해를 끼치는 부끄러운 손보다 나눔과 무소유를 행하는 손이 그립다.

움켜쥐는 손보다 활짝 편 손이 아름답다.

부성 父性

오해의 범람이다. 옳다고 믿는 것도, 아닐 거라 생각하는 것도 모두 오해일지 모른다. 복잡다단한 세상사에 겉을 알기도 어려운데 속을 안 다는 것은 언어도단이다. 그럴 거라는 속단도 예상도 온통 오해의 연속이다.

있을 거라 예상하고 넣기만 하면 순식간에 잡아챈다. 손맛이야 그만이지만 낚이는 꺽지를 보고 아주 성미가 급하고 식탐이 많은 놈이라 생각했다. 잡고자 하는 욕심대로 잘도 물어주니 고마울 뿐이다. 때만 잘 맞추면 한 끼의 매운탕 거리를 잡는 건 한 시간이면 족하다.

고향에서 꺽지 낚시의 절정은 물그리메로 무더기로 피어난 철쭉꽃을 그려낼 무렵이다. 호박돌이 깔린 강돌을 뒤집으면 여섯 개의 다리와 두 개의 집게가 가진 채 재빨리 도망가는 강도래 유충을 잡아 미끼로 쓴다. 미끼는 반드시 살아 있어야 한다는 조건이 따른다.

맑은 강이 흐르는 강촌 사람이라면 꺽지가 있는 돌이 보인다. 물 흐름이 잔잔하고 바위가 있는 곳에 있다. 등에 한 줄로 나 있는 가시를 곧추세우고 때로는 필요에 따라 보호색을 바꾸는 이 녀석은 민물고기 중 최상위 어종인 쏘가리에 비해 덩치만 작을 뿐 습성과 생김새도 아주 흡사한 육식어종이다.

오랫동안 낚시를 담글 이유도 비싼 낚싯대도 필요 없다. 한 발 정도의 낭창거리는 나무작대기에 한 뼘 정도의 낚싯줄이면 충분하다. 강도래 유충의 등껍질을 낚시로 살짝 꿰어 꺽지가 있을 만한 바위 앞에 들이대면 눈 깜짝할 사이에 물어 채곤 했다. 이를 보고 오해한 세월이 길었다. 게걸스러운 식탐으로 쉽게 잡힌다며 미련퉁이라 했다.

몇 해 전, 모 방송에서 방영한 〈한국의 다큐〉라는 영상을 통해 알게 된 꺽지의 습성을 보고 절로 숙연해졌다. 철쭉이 피는 계절은 강에 사는 수생생물들도 종족 번식으로 분주한 시기며, 이 녀석 또한 이때 바위 밑에 산란을 한다. 산란을 마치면 어디론가 훌쩍 떠나는 암컷과는 달리 부성이 강한 꺽지 수컷은 알이 부화될 때까지 지속적으로 지느러미를 움직이며 신선한 산소를 공급한다. 알을 보호하느라 먹이 사냥도 하지 않고 초긴장 상태로 경계를 선다. 먹는다는 건 살아남기 위한 불가피한 행위인데 그것마저 포기한다.

꺽지의 부성이 눈물겹다. 떼로 몰려다니며 호시탐탐 노리는 돌고기와 많은 수생 생물로부터 알을 지키는 일은 생명을 걸 만큼 고통스럽지만 오직 한 길이다. 이렇듯 긴장하고 있을 때 알을 향해 달려드는 강도래 유충이 인간의 미끼인 줄 모르고 삼키는 건 당연하다. 그것이 죽음에 이르는 길인데도 단박에 물어 버린다.

낚시에 물리지 않아도 알이 모두 부화가 될 때면 먹지도 않고 잠시 쉬지도 않고 지느러미를 흔들며 알을 지켜온 수컷은 생을 마감한다. 몸통 군데군데 상처를 입어 살점이 떨어져 나가도 오직 알을 지키기 위해 희생하는 부성父性의 민물고기를 아주 오랫동안 곡해한 것이다.

낚시를 집어넣으면 낚이는 꺽지가 모두 수컷인지도 그런 희생이 종족 번식을 위한 위대한 본능인 것을 이제야 알았다. 수컷이 없어지면 바위에 붙은 알들은 천적의 배를 채워질 게 분명했다. 무고한 생명의 박해이자 생태계의 교란을 가져올 산란기의 꺽지 낚시는 더는 할 수가 없다.

친딸을 성폭행했다는 귀를 의심하고 싶은 뉴스가 슬프게 한다. 인간이기를 포기한 행위다. 여성 문제를 상담하는 지인의 이야기를 빌리자면 절대 있어서는 안 될 친족 간의 성폭행이 뜻밖에 많단다. 그래도 희망이 있는 건 인면수심의 아버지가 극소수라는 점이다.

대부분 아버지는 고달프다. 가족을 부양하느라 고달픈 직장생활을 하며 수도자의 심정으로 살아간다. 때로는 속울음을 울어야 하고 수없이 허공에 집어 던졌던 사표였다. 그래도 참았다.

신흥종교에 빠진 아버지는 내가 유아 시절에 가정을 버렸다. 그런 연유로 평생 내가 본 날짜는 보름도 안 되는 기간이었다.

정이 있을 리 없다. 아버지라 부른 기억도 없다. 내게는 일 년에 한 번씩 들렀다 가는 보따리장수 같은 존재였다. 어쩌다 아버지가 필요할 때면 미웠다.

나 역시 좋은 아버지는 아니다. 아버지를 통해 모든 걸 보고 배웠어야 했는데 부재로 그럴 수 없었다. 아버지의 실수를 반면교사로 삼긴 했어도 그것만으로는 부족했다. 엄하면서도 속정이 있는 아버지를 원했지만, 방법도 서툴렀고 베푼 사랑조차 부족했었다. 잘해 보려는 노력은 했으나 모든 게 모자랐다는 걸 가정을 이룬 아들을 통해 느낀다.

사는 게 어렵다고 자식을 소유물로 알고 못된 짓을 하는 사람도, 자식을 버리고 떠났다는 뉴스도 제발 나오지 않았으면 좋겠다.

부성만큼은 인간이 미물인 꺽지를 본받아야 할 판이다.

애프터서비스

현명한 판단이었다. 구매한 것에 대해서는 어차피 책임이 당사자에게 있는 데다 제조 기간이 길고 비용이 매우 비싸다는 이유다. 제조자만 아는 흠이 있거나 운송 중 하자가 발생한다 해도 난 이제 모른다며 배송도 설치도 점검도 수리도 못 하겠다고 당당하게 선언한 그 속내를 세월이 한참 흐른 뒤에야 알았다.

같이 살아도 좋다는 승낙을 받고 결혼식을 목전에 두고 찾아간 처가에서 장모님은 이런 폭탄선언을 하신 것이다.

“자네 내 말 명심하게나. 쟈는 암것도 할 줄 모르네. 지혜도 없궁 하는 거라고는 주판 튕기는 것만 항게 그리 알어.”

이게 무슨 청천벽력인가. 겨우 받아낸 승낙인데 쓸려면 쓰고 안 쓸려면 말라는 식이다. 책임 전가다. 기 싸움도 못 해보고 초반에 백기를 들고 만 꼴이다. 아니 일부러라도 항복하는 저자세가 필요했었다. 나 또한 애당초 우리 집은 애프터서비스는 꿈도 꾸지 않았다는 게 솔직한 심정이었다.

장모님이 이렇게 나오실 줄 진즉에 눈치챘어야 했다. 어쩐지 자취하는 방에 찾아가 밥때가 되면 해주는 반찬이 오이와 양파 하나를 썩뚝썩뚝 잘라 넣고 고추장 한 숟갈 넣어 버무리면 끝이었다. 그땐 그것도 꿀맛이었다. 씌워도 단단히 씌웠으니 뭔들 맛이 없으랴.

그때 배운 장모님의 난 모른다는 ‘배 째’라는 식의 애프터서비스 불가방침을 완곡하게 전할 때가 가까워진다.

발이 넓은 건지 오지랖이 넓은 건지 모를 혼기가 된 딸아이가

온 천지를 도둑괭이처럼 쏘다니다 오밤중이나 돼야 집으로 숨어들곤 한다. 걱정이 안 될 수 없어 협박을 하곤 했다. 조곤조곤 알아듣게 말하면 효과가 없음을 이미 체득한 나는 소태를 먹은 듯 인상을 쓰며 조금 거칠긴 했지만 이렇게 쏟아냈다.

"너 데리고 갈 녀석 정말 안 만들면 아빠 뜻대로 아무데나 보내버릴 거야."

초강수의 극약처방 효과가 있었나 보다. 사내녀석을 인사시키겠다고 한다. 그런데 이 무슨 해괴한 심보인지 금방이라도 그 녀석을 따라 어딘지도 모를 곳으로 훨훨 날아가 버릴 것 같은 느낌에 괜한 심술보만 흔들어 놓고 말았다. 참으로 모를 일이다. 안 가면 가라 하고 가겠다면 서운해 미리부터 이러는 꼴이란 우습기 그지없는 행동이다.

주말을 기해 찾아오겠다는데 궁금증이 인다. 제원은 대충 전해 들었다. 그 홍보에 대해서는 전적으로 신뢰할 기분이 아니다. 눈에 잔뜩 씌운 딸애가 뭔 말을 못하겠나 싶었다.

아이들도 긴장하겠지만 이미 아들 때 한 번 치러본 경험이 있는데도 긴장하기는 마찬가지다. 첫인상이 나쁘지 않다. 하지만 내가 누군가. 물건이 마음에 쏙 들어 하면 파는 사람은 가격을 올리던지 판매 조건을 슬쩍 바꾼다. 당부인지 협박인지 모를 내 말이 이어진다.

"지금은 남자 친구로서 만난 거고 석 달 후까지 잘 살피고, 시험해 보고 두드려보고 확신이 들면 오게. 잘 알겠지만, 승낙 이후는 어떤 경우라도 반품도, 애프터서비스도 없으며, 모든 책임은 둘이 져야 해야 하네. 우리 집안은 절대 반품을 인정치 않네."

저작권 등록을 안하신, 오래전에 하신 장모님 말씀을 도용했다.

편리함을 기반으로 한 문명 이기를 쓰고 싶은 욕구로 사들이는 대상이 많아지고 있다. 비용도 적게는 몇 천 원에서 수억에 이르는 것도 있으며 도저히 가치가 매겨지지 않는 것도 있다. 그런데도 사후관리 기간은 고작 몇 개월에서 길어야 1년이다.

비싼 자동차를 새로 살 때 얼마나 신중한가. 자동차 메이커와 어떤 차로 하며 연료는 무엇으로 할지, 색상은, 각종 옵션 등 몇 날 며칠을 고심하고 영업소에 들러보고 시승까지 하고 나서도 다른 메이커의 차량도 함께 고르기도 한다. 이럼에도 사고 나면 아쉬운 생각이 드는 게 인지상정이다. 하물며 평생을 살아가야 할 동반자를 찾는 것은 가장 신중한 선택이다. 그렇기에 그에 따르는 모든 책임은 이 정도면 한번 살아보겠다고 결정한 당사자 책임이다.

딸의 애프터서비스는 절대 있을 수 없다.

낯선 풍경

늦은 귀갓길, 갑자기 몸이 신호를 보내온다. 저녁으로 먹은 음식이 문제를 일으켰는지 속이 거북스러웠다. 집에 도착해 안정을 취했지만 가라앉지 않았다. 미심쩍은 생각에 혈압을 재보니 위험단계를 넘나드는 수치였다. 십여 분 안정을 취한 후 다시 측정하니 더 올랐다. 순간 재작년 썩은 나무 등걸처럼 나동그라지던 지인의 모습이 떠올랐다. 금방이라도 뇌혈관이 터질 것 같은 방정맞은 상상이 뒤따랐다.

한밤중 종합 병원 응급실은 북새통을 이룬다. 위급한 환자들만 모였으니 느긋하게 기다릴 수가 없다. 자기를 먼저 봐 달라고 아우성을 치지만 간호사나 당직 의사들은 한눈에 환자의 경중輕重을 파악하는지 끔쩍도 않는다. 이미 응급실의 상황에 이골이 난 게다.

사연도 가지가지다. 싸우다 머리가 터져 선혈이 낭자한데도 고래고래 소리를 지르는 만취환자. 술은 마시지 않았다며 측정을 거부하다 피를 뽑아야 하는 사고를 낸 여성운전자. 고열로 고통 당하는 서너 살배기 사내아이는 악을 쓰며 울어댄다. 일주일간 배변을 보지 못한 이십대 청년은 맹꽁이배를 끌어안고 아파 죽겠다며 의사를 불러달라고 엄살을 부린다. 이윽고 구두코가 하얗게 벗겨진 의사가 왔다.

"관장약을 넣었으니 15분간은 항문이 열리지 않게 꽉 틀어막고 있어야 합니다. 환자가 고통을 호소해도 절대로 놔선 안 됩니다." 라는 말에 난감해 하던 흰머리칼이 성성한 아버지의 표정이 왜 그리도 우습던지 나는 그만 담요를 뒤집어쓰고 말았다. 나를 간호하던 딸아이가 창피하다며 다리를 꼬집어도 웃음이 멈춰지지 않았다.

집에서 나올 때만 해도 큰 병일 거라는 생각에 마음을 졸였었다. 하지만 응급조치를 받고 조금 살 만하니 옆 사람들을 살필 여유가 생겼고 이렇게 웃을 수 있다는 게 놀랍기만 했다.

난생처음 팔뚝에 링거 바늘이 꽂혔다. 뭔지 모를 투명한 액이 한 방울씩 떨어져 혈관으로 스며든다. 피를 뽑을 때와는 전혀 다른 느낌이다. 누군가에게 베풀며 사는 것이 남자의 도리라고 생각했는데 나도 도움을 받아야 하는 나약한 존재라는 사실이 씁쓸하다. 게다가 한 됫박도 되지 않는 저 액체가 혈관 곳곳을 누비며 나를 도와준다는 생각을 하니 헛웃음이 나왔다.

노상, 생자필멸生者必滅을 들먹였다. 세상에 빚진 것도 집착하는 것도 없으니 훌훌 털고 가면 된다는 생각이었다. 시기야 알 수 없지만 죽음을 당당히 맞겠다고 큰소리 친 것은 호기豪氣였음이 여실히 드러났다. 병원에 누워 있으니 한없이 마음이 약해진다. 피곤에 지쳐 퇴근한 아내의 얼굴이 오늘따라 까칠하다. 늘 가까이에 있어 소중한 줄도 모르고 지내는 요즘이다.

지금 곁에서 간호를 하고 있는 딸아이와도 바쁘다는 핑계로 여행을 떠난 적이 언제인지 먼 추억이 되어 버렸다. 툭하면 일터로 불러내 잔일이나 시키면서도 당연시 여겨 용돈 한번 두둑이 챙겨주지 못했다.

이런저런 생각에 잠이 오지 않는다. 얼마나 지났을까. 양 눈에 졸음을 그렁그렁 달고 온 까치집머리의 의사가 나타났다. 일찍 병원을 찾아온 건 잘했다며 현재 특별한 문제는 없지만 정확한 검사를 위해 MRI를 찍어보자고 한다.

새벽 4시가 넘어서자 응급실 풍경은 눈에 띄게 움직임이 굼떴다. 집이 그립다. 결코 융화融和되기 어려운 응급실, 생명을 연장하기도 하고 안타깝게 떠나보내기도 하는 곳이다. 각기 다른 절절함과 염원이 서려있고 살려는 이와 살리려는 사람들의 끊임없이 긴장하며 생사生死를 가름하는 치열한 공간이다.

다시는 찾고 싶지 않은 낯선 풍경 안에서 나는 가족과의 평범했던 일상을 간절히 그리워하고 있다. 침대에 엎드려 곤하게 자는 아내의 휴대폰에 문자를 남겼다.

"우리 여행 갑시다."

'이달의 문제작' - 촌평

〈낯선 풍경〉 | 신재기

〈무릎에 대하여〉, 〈다마스커스 칼〉 | 강돈묵

■ '이달의 문제작' – 촌평

변종호의 〈낯선 풍경〉

신재기

화자는 갑작스러운 몸의 이상으로 병원 응급실을 찾았다. 이 작품은 화자가 링거를 맞으면서 그곳에 머무는 몇 시간 동안 있었던 이야기로 구성되었다. 응급실 풍경을 살짝

신 재 기
문학평론가
경북의성 출생.
경북대학교 국어국문학과 및 동대학원 졸.
고려대학교 문학박사.
현재 경일대학교 교수.
1990년 《매일신문》 신춘문예 평론으로 등단.
대구문학상, 신곡문학상 수상.
평론집으로
《비평의 자의식》, 《여백과 겸손》, 《수필과 사이버리즘》이 있고,
산문집으로는《언어와 무늬와 빛깔》, 《침묵의 소리를 듣는다》, 《디지털시대의 문화와 글쓰기》,
《나는 계획한다, 분서를》이 있다.

스케치하면서 한없이 마음이 약해진 자기 자신을 발견하기도 하며, 일상을 함께 해온 가족의 소중함과 고마움을 깨닫는다. 작품의 끝은 이렇게 마무리한다.

> 새벽 4시가 넘어서자 응급실 풍경은 눈에 띄게 움직임이 굼떴다. 집이 그립다. 결코, 융회融和되기 어려운 응급실, 생명을 연장하기도 하고 안타깝게 떠나보내기도 하는 곳이다. 각기 다른 절절함과 염원이 서려 있고 살려는 이와 살리려는 사람들의 끊임없이 긴장하며 생사生死를 가름하는 치열한 공간이다.
>
> 다시는 찾고 싶지 않은 낯선 풍경 안에서 나는 가족과의 평범했던 일상을 간절히 그리워하고 있다. 침대에 엎드려 곤하게 자는 아내의 휴대폰에 문자를 남겼다.
>
> "우리 여행 갑시다."

군더더기 없이 잘 다듬어진 깔끔한 작품이다. 첫째, 문장이 짧고 작품 전개의 호흡이 간단하고 빠르다. 둘째, 설명적 진술이나 작가의 자기 고백적 진술은 극소화하고 대체로 장면 제시나 객관적 정황을 보여주는데 주력한다. 화자의 관조적 거리가 일정하게 유지되고 있다는 말이다. 셋째, 글감이 독자 누구나

한 번쯤은 경험할 법한 병원 응급실에서 일어난 일이다. 독자와의 기본적인 공감대를 극대화할 수 있는 제재이다. 넷째, 서술전개의 자연스러움과 작가 어조의 차분하다는 점이다. 응급실은 생사를 두고 시간을 다투는 위급함과 긴장이 뒤섞인 곳이다. 그런데 화자는 이러한 공간적 배경과는 다르게 차분하다. 오히려 당사자 이면서 제3자처럼 사태를 관찰하고 서술한다. 그만큼 창작과정에서 작가는 자신의 생각과 감정을 절제하고 관조적 거리를 유지하겠다는 의도가 작용했던 것으로 보인다. 생각과 느낌의 절제는 결국 언어의 절제로 드러났다. 전체 어조나 분위기에서도 작가는 차분하면서도 균형을 깨트리지 않는다. 이러한 차분함과 균형감각은 독자를 편안하게 작품 안에 머물도록 해준다. 무거운 사상과 윤리적 가르침을 독자에게 강요하지 않는다. 보여주기를 통해 생각과 느낌을 독자에게 맡겨준다. 그리고 낯선 형식적 실험으로 독자를 당혹스럽게 하지도 않고 한결같이 전체 분위기를 차분하게 이어간다.

문학은 원래 작가의 말하기보다는 보여주기를 지향한다. 하지만 수필은 상황이나 서사를 보여주기보다는 서술하는, 즉 교술의 성격이 강한 장르다. 이런 점에서 보면 수필은 문학성과

반문학성을 공유한다. 이러한 양면적인 힘을 어떻게 적절하게 조화시키느냐가 수필작품의 성패를 좌우한다. 변종호의 〈낯선 풍경〉은 이런 점에서 성공을 거둔 작품이다. 독자와의 공감을 이뤄낼 튼실한 기초를 갖춘 작품이라 하겠다.

■ '이달의 문제작' - 촌평

변종호의 〈무릎에 대하여〉

강돈묵

어떠한 글감이든 그것을 취택한 작가의 심안에 따라 그 용도는 다르다. 하나의 사물이라 하여도 작가의 눈에 따라 엄청난 차이를 가지고 독자 앞에 나서게 된다. 작가는 왜 이 사물을 들고 독자를 찾아왔는가가 문제다. 분명 작가는 그

강 돈 목
문학평론가
전 거제대학교 교수. 문학박사. 수필가.
한국문인협회 문인저작권옹호의원
호서 문학상. 신곡문학상 대상. 거제 문학상.
새한국 문학상 대상. 문학시대 대상.
수필집 《러브레터와 로비레터》, 《놓아주기 연습》, 《흔들리는 계절》,
《1500m》,선집 《감주와 설탕물》
평론집 《본질 찾기와 수필 쓰기》 외 다수

사물에 대해 작가 나름대로 가지고 있는 인식의 세계를 보여주려 할 것이다.

가령 토목공사 중에 발견된 커다란 고철을 두고 금속학을 한 사람이라면 제련소에 보내면 얻을 수 있는 쇠붙이의 종류를 상상할 것이고, 경제학을 한 사람이라면 이 고철을 수집상이 구입하여 얼마의 마진을 붙일까를 고민할 것이고, 문학을 한 사람이라면 분단의 아픔 속에서 눈물을 흘릴 것은 뻔하다. 취택한 글감이 중요한 것이 아니라 그것을 읽어내는 작가의 심안이 중요한 것이다.

글의 가치는 바로 이 의미 찾기, 즉 본질 찾기에서부터 판가름 난다. 변종호의 〈무릎에 대하여〉는 남들 뒤에 숨어서 조용히 자신의 책무를 충실히 수행하는 인간형이 그려지고 있다. 그런 삶을 살아낸 작가만이 얻을 수 있는 본질이다.

무릎이 가지고 있는 기능은 얼마든지 다르게 생각할 수 있다. 간혹 연골이 닳아 온몸에 지장을 초래한다 하여 무릎을 타박하는 작가도 있을 수 있다. 그러면서 평소에 다른 이들에게 피해가 되지 않도록 몸 관리를 잘해야 한다는 주문을 할 작가도 있을 수 있다.

하지만 작가 변종호는 누가 보든 말든 자신의 책무만을 충실히 이행하는 삶을 들고 독자를 찾아온 것이다. 그러기에 그는 시작부터 '충직하다' 한마디로 독자들 앞에 당당히 나선다. 그 시작이 발칙하여 독자를 압도한다. 결국 작가는 무릎과 같이 희생하는 삶의 의미를 말하고 있는 것이다.

무릎이 있기에 우리 몸은 이동이 가능하다. 그가 나서지 않으면 조금도 움직일 수 없다. 손과 입이 저지른 잘못도 무릎이 꿇어야 한다. 더는 몸을 낮출 수 없는 오체투지도 그가 구부려야 가능한 일이다. 이러한 무릎의 운명은 무엇인가? 무슨 업보를 지었기에 평생 무거운 체중을 짊어져야 하느냐의 지적은 그의 삶에 대한 측은지심의 발현도 되지만, 한편으로는 동경의 마음을 표현한 것도 된다.

우선 이 글감 '무릎'에 대해 깊은 성찰이 이루어졌다. 짓궂은 일을 도맡아 수고하면서도 대접은 받지 못하는 존재, 옆으로 샛길 한번 가지 않은 정직한 존재가 바로 '무릎'인 것이다.

> 진중하고 점잖다. 거부도 모른다. 부당하면 투덜대기라도 하련만 그럴 줄도 모른다.

뒤로는 뒤꿈치와 궁둥이가 닿도록 굽혀지지만, 좌우는 조금만 틀어져도 탈이 나는 곳도 이곳이요, 갓난아이의 배밀이가 끝나면 고달파지는 것도 무릎이며, 눈이 보고 뇌가 명령한 대로 움직여야 한다. 인간이 느끼는 최상의 쾌락도 무릎이 겹쳐져야만 한다. 뜻하지 않은 부상으로 설사 발목을 잃어도 무릎이 있으면 걸을 수도 달릴 수도 있다는 것을 의족 스프린터로 확인했다.

사용하면 사용할수록 발달하는 여느 근육과는 달리 마모만 거듭하는 게 무릎 관절이다. 그것도 모르고 주인은 등산이다, 조깅이다, 마라톤이다, 무릎만 혹사시킨다. 어리석은 주인은 더 있다. 과대 체중은 고려하지 않고 줄넘기와 달리기로 관절에 무리를 준다. 영원히 충직하리라 믿었던 무릎에 탈이 난다. 제 몸이 부서져도 아픔을 말하지 않고 참아내는 무릎이다. 퇴행성관절염을 앓기 시작하면 이미 때는 늦었는데 제 잘못을 인식하지 못하는 주인은 핀잔만 거듭한다.

여기서 작가 변종호는 자식을 위해 한평생 희생하신 어머니를 떠올린다. 자식을 향한 끝없는 사랑으로 온몸이 문드러진 어머니. 바로 그분은 '무릎'과 같은 존재이다. 아픈 무릎을 쑥뜸에 의지하다 화상을 입어 고름이 흘러내리던 어머니. 어머니의 무릎은 고난의 흔적이요, 희생의 증거인 것이다.

이제 작가는 이순을 지나 희생으로 망가진 무릎을 바라보며 연민에 젖는다. 그러면서도 배려하지 못하고 일상을 살아내야 하는 삶에 밀려 다시 삶터로 나서고 만다.

> 몸을 불편하게 하는 것이 사는 길이고, 안락과 편함을 추구하면 뼈와 근육을 약하게 만드는 것임을 이순에 들어서야 깨닫는다. 아무리 오장육부가 건강한들 무릎이 무너지면 문밖출입은 물론이요, 화장실조차 의지대로 갈 수 없다. 의자에 앉거나 누워야만 겨우 쉴 수 있는 무릎, 여태 걸어온 길도 멀리 왔지만, 아직 가야 할 곳도 많다. 미안하고 고맙지만 마음먹으면 군소리 없이 나서는 무릎이 있기에 나는 오늘도 훌쩍 떠나는 꿈을 꾼다.

■ '이달의 문제작' – 촌평

변종호의 〈다마스커스 칼〉

변종호의 〈다마스커스 칼〉은 세상의 물상과 소통하여 그들로부터 많은 교훈을 얻는 이야기다. 세상의 물상 중에는 자신의 존재 의미를 함유하고 있지 않은 것은 하나도 없다. 하찮은 미물에 가까운 벌레들도 제 나름 존재 의미를 가지고 있다. 또 그들 역시 우리에게 커다란 삶의 교훈을 던져주기도 한다.

이러한 내재적 의미는 본인의 노력 없이는 결코 얻을 수 없는 경지다. 적어도 작가라면 이러한 내재적 의미를 찾기 위해 부단한 노력이 있어야 한다. 그래야 일반인이 찾아내지 못한 바를 찾을 수 있다. 사물과의 소통이 이루어질 때 작가는 존재 의미가 있다. 사물과의 소통, 이는 작가의 길에서 등한시할 수 없는 영역이다. 하나의 글감에 생명력을 불어넣기 위해서는 반드시 이루어져야 할 과제이다.

소통을 통하여 상호의 정보가 교류되고, 그 결과 완성으로서의 길이 열린다. 작가 변종호는 사물과의 소통을 위해 많은 말씀을 듣고 성찰할 기회를 얻는다. 그리고 그들과 통하는 길은 지난하여 끝없는 성찰의 노력이 없이는 불가함도 깨닫는다.

> 얼마나 맞고서야 명검이 되었을까. 합쳐질 수 없는 운명이 하나 되어 새 생명이 탄생했다. 고통은 지옥을 넘나들 정도로 가혹했다. 완강한 거부는 불질에 누그러들었고 수많은 메질은 영혼의 결을 쇠에 새겼다.
>
> `칼에 문양이 있다. 그리거나 새겨 넣은 것은 아니다. 칼의 본질인 강하고 잘 드는 칼을 만들다 덤으로 얻은 문양이다. 어찌 보면 썰물이 자잘하게 그려놓은 갯벌의 결 같고, 달리 보면 노거수老巨樹의 고운 나뭇결 같다. 경이롭다. 문양 하나로 홀딱 빠져들게 하는 다마스커스 칼이다. 〈중략〉

하나의 재료로는 만들 수 없다는 다마스커스 칼, 반 뼘 길이의 납작한 3개의 연강 도막과 4개의 고탄소강 도막은 용접으로 하나가 된다. 그런 쇳덩이는 달궈지고 수백 번의 메질을 견디며 하나가 아니었다는 처음의 기억을 모두 지워야 한다.

달궈서 늘려진 쇳덩이 가운데를 끊어지지 않을 만큼 남기고 자른다. 내려치는 망치의 힘 조절을 잘못하면 쇠는 영락없이 두 동강이 난다. 겹쳐질 쇠에 붕사가 뿌려진다. 붕사가 녹으며 흘리는 것은 굴복하는 쇳덩이의 눈물이다. 접힐 때마다 쇠의 강도는 높아지고 문양은 안으로 품었다.

달아오른 쇠를 새끼줄처럼 비틀자 감쌌던 산화물을 모두 털어 낸다. 붉은빛이 더 선명하다. 또다시 메질이다. 다시 늘리고 잘리며 접 쇠가 된다. 이렇게 여덟 번을 반복하고 나서야 진정한 합일合一에 이른다.

주위 사람들과의 관계에서 누군들 자신할 수 있을까. 급변하는 세상에 대해 가지고 있는 생각들이 천차만별이니 그들과의 마음을 털어놓는 소통이 그리 만만한 일은 아니다. 여덟 차례의 매를 맞고서야 겨우 도달할 수 있는 합일의 경지이다.

이 같은 성찰은 으레 자신의 존재와 정체성에 대해 고민하게 된다. 나는 누구이고 무엇인가? 나는 남들의 눈에 어떤 존재이고 싶은 것인가? 지금까지 나는 스스로 노력하기에 앞서 남과 비교하고 시기하지는 않았는가? 키르케고르와 하이데거의 말처럼 늘 불안의 정서를 가지고 있지는 않는 것일까?

돌아보면 인간은 주위의 사람들과 소통을 위한 노력보다는 언제나 그들을 경쟁상대로 인식하고, 그들과의 경쟁에서 이기려고 몸부림치고 있다. 남들보다 많은 재물을 가져야 하고, 남들보다 높은 지위에 앉아야 하며, 자신이 생각한 것은 무엇이든 다 성취하여야 직성이 풀리는 존재가 현대인이다. 그러나 이제는 진정한 삶의 행복은 무엇일까. 평등을 내거는 민주주의 사회는 어떤 것일까. 정의가 살아 있는 사회는 과연 어떤 곳일까, 여유를 가지고 살펴볼 처지가 되었다.

자신이 살아내는 삶을 성실하게 성찰함으로써 사람과의 관계를 바람직하게 꾸릴 수 있을 것이다. 상대가 누구이든 그들을 삶을 수단으로 인식하지 말고 그들 자체를 목적으로 하는 소통의 자세를 견지해야 할 일이다. 서로 존중하고 존중받는 진정한 교류를 통해 내면의 만남이 이루어져야 한다. 그래야 진정으로 스침이 아닌 서로 이해하는 만남의 장이 열리리라 믿는다. 그러기 위해서는 누구나 성찰의 노력이 반드시 따라주어야 한다.

강하면서도 부러지지 않고, 휘었지만 금방 복원이 되는 칼. 그러면서도 절삭력이 탁월하게 되기까지 뭇매를 맞아야 했던 인고의 시간을 견뎌낸 칼. 그 칼을 마주하고 작가는 소통이 이루어진다. "이순의 고개를 넘어 돌아보니 관계의 틀 안에서 수천 번도 더 부딪혔다. 그럴 때마다 맞고 겹쳐지고 뒤틀리며 치열하게 살아야 했는데 견디지 못했다."라고 고백한다. 적당히 타협을 하며 잘될 거라고 섣부르게 예측을 했던 것도 반성한다. 역시 성찰의 절실함을 강조하며 독자 앞에 머리를 조아리는 것이다.

스침이 아닌, 진정한 내면의 만남이 절실히 요구되는 세상을 우리는 살고 있다. 전자매체에 노출되어 오로지 기계에 의존하다 보니 진정한 소통은 이루어 지지 않고, 사람사이의 관계도 원만하지 못하다. 이러한 시회에 우리 수필가들은 적응해야 한다. 그렇다고 독자들의 미감에 민첩하다보면 작가의 존재에 흠이 생길 수도 있다. 아무리 변한 세상에 보폭을 맞춘다 해도 독자 위주의 문학이 되어서는 좀 곤란하지 않을까. 그래도 작가의 내면이 드러나는 문학이어야 한다. 작가의 삶이 토대가 되어 글감의 본질을 파헤치고 거기에 의미를 부여하는 과정이 따라야 할 줄 믿는다.

자칫 독자의 미감에 충실하다보면 대중화 · 통속화에 빠질 위험성도 항시 내포하고 있다.

변종호의 〈다마스커스 칼〉에서는 사물과의 소통을 보여주는 글이다. 이러한 소통을 통하여 사람 사이의 관계가 원만하게 이루어지는 세상을 기대해 본다.

변종호 수필집

마음을 메우다

인쇄 2017년 7월 25일
발행 2017년 7월 29일

지은이 변종호
발행인 서정환
펴낸곳 수필과비평사
주소 서울시 종로구 삼일대로 32길 36(익선동 30-6 운현신화타워 빌딩) 305호
전화 (02) 3675-3885, (063) 275-4000 · 0484
팩스 (063) 274-3131
이메일 sina321@hanmail.net essay321@hanmail.net
출판등록 제300-2013-133호
인쇄 · 제본 신아출판사

ISBN 979-11-5933-093-3 03810

값 13,000원

이 도서의 국립중앙도서관 출판예정도서목록(CIP)은 서지정보유통지원시스템 홈페이지(http://seoji.nl.go.kr)와 국가자료공동목록시스템(http://www.nl.go.kr/kolisnet)에서 이용하실 수 있습니다.(CIP제어번호: CIP2017017970)

Printed in KOREA

* 이 책은 2017년 충북문화재단 Chungbuk Cultural Foundation의 문예진흥기금을 지원받아 발간했습니다.